Hijos del neoliberalismo

Hijos del neoliberalismo

La historia contemporánea de nuestro México saqueado

ANA LILIA PÉREZ

Grijalbo

Hijos del neoliberalismo
La historia contemporánea de nuestro México saqueado

Primera edición: octubre, 2023

D. R. © 2023, Ana Lilia Pérez

D. R. © 2023, derechos de edición mundiales en lengua castellana:
Penguin Random House Grupo Editorial, S. A. de C. V.
Blvd. Miguel de Cervantes Saavedra núm. 301, 1er piso,
colonia Granada, alcaldía Miguel Hidalgo, C. P. 11520,
Ciudad de México

penguinlibros.com

ISBN: 978-607-383-042-3

Impreso en México – *Printed in Mexico*

¿Quién puede exhortar con más vehemencia la virtud [...] quién reprender y acusar los desórdenes [...]? La historia misma, testigo de los tiempos, luz de la verdad, vida de la memoria, maestra de la vida, mensajera de la antigüedad.

CICERÓN

Índice

Presentación

Esta es la historia contemporánea de nuestro México saqueado. El *modus operandi* de algunos de los casos que evidencian cómo se fueron desmantelando y minando sectores públicos estratégicos, y cómo se hizo costumbre que, desde el gobierno, altos funcionarios se enriquecieran y usaran sus cargos para su propio beneficio y el de la gente cercana a ellos.

Referir sobre aquellas directrices y formas de administración del sector público que aplicaron los gobiernos emanados de diversos partidos políticos nos aporta claves para entender que los desastrosos resultados y rezagos históricos que ahondaron la desigualdad derivaron de complejos modelos de corrupción, cuya desarticulación aún es una tarea inconclusa.

Son estampas de un modelo generador de profundas desigualdades que, fuera del reducido núcleo de los históricamente privilegiados (grupos de élite económica y política), ha impactado de manera negativa a la mayoría de los mexicanos.

En su disputa por el poder, políticos de uno y otro partido acusan mutuamente la destrucción del país, eludiendo las responsabilidades que los gobiernos emanados de sus filas han ido dejando como fatídica herencia. Pero su memoria selectiva no tiene otra intención que mantener o recuperar sus privilegios.

México es una nación desvalijada por su élite en la administración pública mediante mecanismos diseñados y auspiciados por los mismos que han detentado el poder. Las siguientes páginas registran parte de ese *modus operandi*.

1

Privatizar el patrimonio público

El México de los años ochenta vivía días de efervescencia y alto contraste. Por un lado, fue la sede del evento futbolístico más importante del planeta: la Copa Mundial de la FIFA, durante la cual el curioso Pique, un chile jalapeño con largos bigotes y sombrero alto convertido en mascota del evento, se replicó por doquier. La justa se hizo leyenda por la actuación de Diego Armando Maradona, que en el Estadio Azteca protagonizó "la mano de Dios", una de las jugadas más famosas en la historia. Por otro lado, el país se encontraba en luto debido al trágico y devastador terremoto sin precedente de 1985, acaecido apenas meses después de las horrorosas y también mortíferas explosiones por fuga de gas en San Juan Ixhuatepec: apocalípticas escenas que incluso algunos periódicos describieron como "el fin del mundo".

Aquella década, en su recta final, registró además un escandaloso fraude electoral que frenó la posibilidad de que una propuesta de izquierda alcanzara la presidencia de la República.

Pero, sobre todo, los ochenta serían un parteaguas en la historia mexicana porque quienes se asumían como herederos políticos de la Revolución —entonces a cargo de la mayor parte de la administración pública—, llegados al gobierno bajo las siglas del oficialista Partido Revolucionario Institucional (PRI), en la práctica comenzaron a desdibujar el ideario de principios sociales y compromisos revolucionarios plasmados en la Constitución Política (la carta magna de derechos mínimos para los ciudadanos, y de facultades y límites de la autoridad). A partir de entonces impusieron políticas privatizadoras formalizadas a través de polémicas reformas constitucionales, así como modificaciones, derogaciones y adiciones a diversas leyes.

Desde el gobierno de Miguel de la Madrid hasta el de Peña Nieto, la Constitución tuvo el mayor número de reformas relacionadas precisamente con ese modelo privatizador. Varias de ellas, al artículo 27, que estipula la propiedad de la nación sobre los recursos naturales y le da al Estado atribuciones para regular su aprovechamiento, originalmente ponderando el beneficio social. También al artículo 123 sobre el trabajo y la previsión social: aun cuando en letra estipulaba el bienestar de los trabajadores en sus derechos y seguridad laboral, en la práctica se volvió un sistema permisivo que solapaba los abusos de diversa índole para favorecer el modelo neoliberal desarticulando los derechos laborales.

En términos cuantitativos, el mayor número de modificaciones se dio durante la administración de Enrique Peña Nieto, precisamente considerado el sexenio de las reformas estructurales, denominadas así por su pretensión de modificar la estructura económica originalmente establecida en el marco jurídico de México, es decir, mediante los cambios a la Constitución.

Al respecto, un estudio elaborado por el Instituto Belisario Domínguez, del Senado de la República, señala que del 1 de diciembre de 2012 al 27 de agosto de 2018 se modificaron 155 artículos de la Constitución mediante 28 decretos de reforma, 12 de ellos relacionados con las reformas estructurales. Pertinente es precisar que la alusión a las modificaciones en la Constitución no se reduce a términos cuantitativos; lo que tiene más importancia son sus efectos y su intencionalidad.

El caso del artículo 27 así lo ejemplifica: durante la administración de Lázaro Cárdenas se había reformado para fortalecer la propiedad del Estado y su rectoría sobre recursos naturales estratégicos, principalmente los hidrocarburos, priorizando el interés público; y luego, en la de Adolfo López Mateos, se amplió al aprovechamiento del sector eléctrico. En sentido contrario se haría a partir de la administración de Miguel de la Madrid y hasta la de

Peña Nieto, con cambios impulsados para la aplicación del modelo neoliberal privatizador.

Valga un paréntesis para anotar que el neoliberalismo, como movimiento intelectual, tuvo sus orígenes en el denominado Coloquio Lippmann, organizado por Louis Rougier, en París en agosto de 1938. Ahí se reunieron figuras como el austriaco Friedrich Hayek, que plantearon la necesidad de reconstruir el liberalismo para seguir influyendo en la economía. Los conflictos armados y sus consecuencias ponían bajo cuestionamiento el liberalismo clásico, que públicamente empezaba a ser visto como generador de graves crisis, y en un entorno mundial donde cobraba fuerza la propuesta de otros modelos de gobierno y de la redistribución de los recursos.

La urgencia que planteaban los convocados a ese coloquio era renovar el liberalismo clásico y priorizar la libertad económica por encima de cualquier otra.

Como una corriente vinculada con la modernidad dentro del sistema capitalista hacia una economía con una menor intervención del Estado —es decir, una limitación de sus funciones, mayor apertura de mercado y particularmente la desarticulación de cualquier sistema de bienestar—, se manifiesta en el pensamiento económico precisamente del austriaco Friedrich Hayek, y de Milton Friedman y George Stigler de la escuela de Chicago.

Su aplicación en las políticas económicas gubernamentales fue influenciada por las directrices de organismos internacionales.

Así, en México, en el contexto de la crisis económica que el país enfrentaba, en los años ochenta se impulsó el modelo de administración que buscaba la disminución de la participación del Estado en la economía. Un Estado que garantizara la libertad económica y a favor del mercado, pero reducido al mínimo en sus funciones y obligaciones para con los ciudadanos.

Así también, el desdibujamiento del Estado de bienestar era la panacea propuesta para, mediante las claves de privatización, desregulación y liberalización, supuestamente volver eficientes las finanzas públicas y desarrollar la economía.

Se anunciaba como una modernización mediante la cual México emularía lo que en Europa hacían políticos como Margaret Thatcher, quien —influenciada por los postulados del economista Friedrich Hayek— durante su mandato como primera ministra de Reino Unido (1979-1990) también impondría la privatización de empresas estatales y políticas definidas como neoliberales, extensivas a la economía, el mercado laboral, la educación y los sectores sociales; o Ronald Reagan en Estados Unidos (1981-1989), quien tenía como asesor al economista Milton Friedman.

Ya en Sudamérica lo aplicaban regímenes como el del general Augusto Pinochet en Chile (1973-1990), que férreamente siguió las directrices de sus asesores económicos, discípulos de Friedman, los *Chicago Boys*. De allí que este país fuese considerado "el laboratorio del neoliberalismo" en la región.

Derivado de un convenio entre la Pontificia Universidad Católica de Chile y la Universidad de Chicago, un grupo de economistas chilenos fueron becados para realizar estudios de posgrado en el campus estadounidense con académicos como el propio Milton Friedman. La idea era que replicaran las enseñanzas en sus aulas y desde allí se propagara tal ideología.

Ya de vuelta en Chile, unos años después, en 1969, redactaron un programa económico para este país, plasmado en un documento al que llamaron *El ladrillo*. Originalmente se pensó para el candidato Jorge Alessandri; posteriormente se usaría como la base de la política económica del régimen de Pinochet.

Durante su gobierno, el militar modificó las leyes para restructurar la administración pública de ese país que efímeramente había conocido los esfuerzos de un gobierno como el de Allende, el cual alcanzó a nacionalizar algunos recursos estratégicos, como el cobre, del que Chile es uno de los principales productores a nivel mundial.

Allende hablaba de instaurar la democracia económica "para que la actividad productiva responda a necesidades y expectativas sociales y no a intereses de lucro personal". Pero el poder económico no estaba de su lado.

El boicot que se hizo a su proyecto polarizó los ánimos. Y el golpe militar acabaría por demoler esa vía.

El modelo de Pinochet fue enteramente distinto. De manera que las enseñanzas de la escuela de economía estadounidense tendrían en Chile, a través de los asesores del gobierno pinochetista, su más fiel aplicación. Esta estuvo encabezada por uno de los primeros Chicago Boys chilenos, Sergio de Castro, designado primero ministro de Hacienda y luego de Economía.

Friedman fue invitado de honor en 1975, en un polémico viaje que incluyó un encuentro con Pinochet, en tiempos en los cuales ya eran públicas las violaciones de derechos humanos y múltiples agravios contra civiles a manos de ese régimen. Incluso en Estados Unidos, a través de las páginas de *The New York Times*, varios artículos reprodujeron los informes de Amnistía Internacional sobre las actuaciones de la Junta Militar, las detenciones arbitrarias, las torturas, abusos y desapariciones.

No obstante, en aquel viaje al Chile de Pinochet, el influyente Friedman no hizo referencia alguna respecto a las atrocidades que allí ocurrían, como tampoco lo hicieron sus discípulos que formaron parte de esa dictadura.

De aquellos días, de aquellas noches, de ese país donde a golpe de picana y parrilla eléctrica,[1] tortura y sangre

---

[1] Catre metálico donde se amarraba y torturaba con electricidad. Testimonios integrados por la Comisión Interamericana de Derechos

se imponía el régimen y modelo económico, escribió Eduardo Galeano: "Las teorías de Milton Friedman implican para él el Premio Nóbel; para los chilenos, implican a Pinochet".[2]

Al general la política económica de su gobierno le granjeó, además, en la esfera personal amistarse con Thatcher, a quien durante sus viajes a Londres le enviaba flores y bombones, y, si la ocasión era propicia, tomaban el té juntos, según narra en *El dictador* el célebre periodista Jon Lee Anderson.

Uno de esos encuentros, ocurrido en 1999, fue con Pinochet ya bajo arresto domiciliario (en Londres), cuando estaba en curso la petición del juez Baltasar Garzón para su extradición por los delitos de genocidio, crímenes de lesa humanidad y terrorismo durante su dictadura. Pero, elogiosa, Thatcher le refrendó su apoyo. Esta reunión inclusive fue registrada por la televisión (hoy es posible verla en internet).

En tanto, en Chile, al paso de los años el rechazo a dicho modelo iba generando multitudinarias protestas, muy activas por parte de sectores como el estudiantil, al ser este uno de los más lesionados por las políticas privatizadoras.

Humanos respecto a la dictadura militar en Chile describen las atrocidades del régimen encabezado por Pinochet.

[2] Eduardo Galeano, *Días y noches de amor y guerra,* Editorial Laia, Barcelona, 2000.

De esas protestas, años después, provendría Gabriel Boric, un líder estudiantil (en 2011) que ampliamente enunciaba como lema que Chile debía enterrar el neoliberalismo. El mismo planteamiento expuso reiteradamente como diputado, y después como candidato a la presidencia.

"Si Chile fue la cuna del neoliberalismo en Latinoamérica, también será su tumba", señalaba ya como candidato de la coalición izquierdista Apruebo Dignidad. En 2022 se convertiría en presidente con 55.8% de los votos, y el mayor número de sufragios en la historia de Chile.

Los chilenos habían comenzado a exigir la restitución del Estado de bienestar en manifestaciones masivas que, al cabo de los años, tendrían eco también en el histórico plebiscito del año 2020, en el que la mayoría votó a favor del cambio de la Constitución heredada por el régimen militar, la cual había tenido algunas modificaciones en el gobierno de Ricardo Lagos (2000-2006), pero no los suficientes a consideración de su ciudadanía.

Tras los resultados —casi 80% de los participantes votaron a favor de una nueva constitución—, se formalizó una Convención Constituyente, cuyos 155 integrantes se encargarían de redactar la propuesta que se sometería igualmente a plebiscito. Este se llevó a cabo el 4 de septiembre de 2022, pero, para sorpresa del mundo, la mayoría votó en rechazo del proyecto que la Convención Constituyente había aprobado.

Ese primer tropiezo estuvo influenciado por una intensa campaña mediática en la que algunas versiones promovían que se debía elaborar una "mejor" constitución; otras señalaban que la propuesta del Constituyente repetía algunos errores y que votar en contra de la propuesta era también un voto en contra de ese Constituyente. Parte de esa campaña mediática, que incluyó la amplia difusión de *fake news*, se atribuye a la élite política y económica y a la facción de derecha con una mayoría en el Congreso.

En diciembre de 2022 se anunció el acuerdo para reactivar la redacción de una nueva propuesta de constitución, la cual se pondría a referéndum en noviembre de 2023.

MÉXICO: EL PATRIMONIO PRIVATIZADO

En el contexto histórico que conecta el modelo económico y la administración del sector público, la aplicación del neoliberalismo en México se convirtió en la fachada mediante la cual miles de activos, empresas, bienes inmuebles y muebles que constituían una incuantificable parte del patrimonio nacional —es decir, propiedad de todos los mexicanos— se privatizaron. Estos germinaron y dieron lugar a varias de las grandes fortunas privadas que hasta hoy se ubican entre las principales a nivel mundial.

Algunas, además, son administradas desde "paraísos fiscales" a fin de evadir los pagos de impuestos correspondientes, lo cual perjudica las finanzas públicas y la sociedad, ya que, como señala Oxfam: "Cuando las grandes empresas y las personas más ricas eluden sus responsabilidades fiscales, son los países y las personas más pobres, en particular las mujeres, quienes se llevan la peor parte".

O pagan una proporción mínima de esos impuestos, por medio de mecanismos que les permiten la evasión o perdones fiscales de diversa índole.

A principios de los años ochenta se contabilizaban mil 155 empresas propiedad del Estado en 63 rubros de actividades económicas altamente lucrativas, tales como teléfonos, hoteles, siderúrgica, minas, sector financiero, astilleros, puertos, sector pesquero, aeropuertos, ingenios azucareros, metalúrgica, fábricas de partes para automóviles, camiones, ferrocarriles y muchas otras.

Todas se habían capitalizado con recursos públicos para conformar el modelo de desarrollo del país, y estaban bajo administración del Estado, según sus atribuciones establecidas desde la Constitución, que mandataba las facultades de la Administración Pública Federal sobre las empresas de participación estatal, organismos descentralizados y fideicomisos.

Los procesos mediante los cuales se transfirieron los activos públicos a bolsillos privados se operaron mediante modalidades diversas: desincorporaciones, ventas, transferencias, fusiones, enajenaciones, liquidaciones, extinciones y modelos de concesión francamente lesivos para el Estado.

En aquellos años en que parte de la ciudadanía vivía la preocupación y las consecuencias de eventos trágicos como el terremoto o las explosiones de San Juanico, atenta a la efervescencia de un Mundial, entre 1984 y 1988, se concretó la primera cascada de privatizaciones, las cuales se intensificaron posteriormente.

En esa etapa de privatización, Miguel de la Madrid ordenó la venta, fusión, transferencia o liquidación de 482 empresas del Estado que habían recibido eufemísticamente la etiqueta de "no estratégicas ni prioritarias". Aseguraba que así el Estado se desharía de "obesidades y lastres".

La narrativa del gobierno de Miguel de la Madrid para imponer dicho modelo era que supuestamente se trataba de la única alternativa frente al desastre económico de su antecesor, José López Portillo, omitiendo a conveniencia que él mismo había sido parte de dicho gobierno, y ni más ni menos que al frente de la Secretaría de Programación y Presupuesto, que era la responsable de ejercer el gasto público y desarrollar programas de crecimiento económico; es decir, De la Madrid era corresponsable de ese desastre, para el cual, mediante privatizaciones, ofrecía el remedio. Lo había sido también desde el gobierno de Luis Echeverría como subsecretario de Hacienda.

En un interesante ensayo titulado "Autoritarismo en tiempos de crisis: Miguel de la Madrid 1982-1988", la doctora María del Carmen Collado, investigadora del Instituto Mora, detalla:

> Trataba de convencer a la sociedad de que las medidas económicas liberales ortodoxas que iba a aplicar eran la única salida para el país. El cambio de proyecto económico era impopular, conllevaba sacrificios para toda la sociedad, pero en especial afectaría a los sectores más numerosos con menores ingresos y a la clase media, de manera que, impulsando el miedo a un caos inminente, buscaba conseguir cierto consenso o al menos disminuir la crítica.

A partir de entonces, y por lo menos hasta la primera década del siglo XXI, se continuaron registrando las eufemísticamente llamadas "desincorporaciones". O lo que, en el discurso público, De la Madrid y sus principales secretarios (como el de Energía, Minas e Industria Paraestatal, Alfredo del Mazo González, del linaje del Grupo Atlacomulco, en dicho cargo federal de 1986 a 1988) disfrazaban de "reconversión industrial".

Continuista del modelo, en noviembre de 1989, durante su primer informe de gobierno, Carlos Salinas de Gortari dijo:

> Un Estado que no atiende al pueblo por estar ocupado administrando empresas no es justo ni es revolucionario; pierde el sentido fundador que le dio el artículo 27 de la Cons-

titución. Un Estado extenso, abrumado, termina siendo un Estado débil, no solo ante sus obreros, campesinos, empresarios y clases populares y medias, sino ante el mundo.

La desincorporación de empresas públicas no estratégicas responde hoy a un principio de fidelidad con el carácter social y nacionalista del Estado. Desincorporar empresas no es renunciar a regular y conducir el desarrollo nacional, porque no es condición única de la rectoría del Estado la propiedad de las empresas, sino fundamentalmente el ejercicio de la autoridad en beneficio del pueblo.

La privatización no deposita en manos ajenas al Estado la conducción del desarrollo; por el contrario, el Estado dispone ahora de recursos, de atención y de oportunidad para utilizar los formidables instrumentos de la política de gasto, ingresos, aranceles, precios públicos, subsidios y fortaleza a las empresas estratégicas…

A la luz de las consecuencias de esas privatizaciones, del saqueo, fraudes y latrocinios desde su gabinete en los procesos de tales "desincorporaciones", operadas también por su hermano, se evidencian sus falacias, la engañifa, la mentira.

En sus primeros años de administración había "desincorporado" 362 empresas del Estado; quedaban 221 paraestatales. Decía Salinas: "Pasamos de un Estado propietario a un Estado solidario, que responde al reclamo de bienestar de la sociedad". Tenía prisa por privatizar sectores estratégicos. Así, por ejemplo, según sus cuentas, en solo 13 meses se hizo con la banca, "privatizando en promedio un banco cada tres semanas", con un reiterado discurso de que era por el bien de la sociedad.

Nada más alejado de la realidad, ya que la privatización de la banca —como la de otros sectores estratégicos— a partir de entonces sujetó a la ciudadanía a la imposición por parte de las instituciones financieras privadas, de prácticas abusivas como las altas comisiones, incluso mucho más costosas que las que esas mismas sociedades financieras cobran en otros países con mayor ingreso per cápita.

Como referencia en términos globales, está el informe que en 2018 llevó a cabo la Comisión Nacional para la Protección y Defensa de los Usuarios de Servicios Financieros (Condusef), "Porcentaje que representa el cobro de comisiones respecto al ingreso total del banco", en que se cuantifica que las comisiones cobradas en México representaban entre 19% y 33% de los ingresos de los bancos; en contraste con el porcentaje entre 14% y 25% que esos mismos bancos obtenían en países como Canadá, España, Reino Unido o Estados Unidos. Ese fue el resultado del supuesto "bienestar" que, según Salinas, la privatización de la banca traería al pueblo mexicano.

Aunado a ello, un estudio que revisa la competencia bancaria en México, y examina su privatización, crisis, rescate y reestructuración, elaborado en 2006 por Marcos

Ávalos y Fausto Hernández Trillo para la Comisión Económica para América Latina y el Caribe (Cepal), concluye que "no hay evidencia de que la 'extranjerización' de la banca haya beneficiado la productividad y la eficiencia en el sistema bancario mexicano".

En los argumentos para justificar la privatización también se aludía reiteradamente a la supuesta competitividad, y como si las compañías privadas, por el solo hecho de serlo, fueran incapaces de incurrir en prácticas ilegales.

Valga un ejemplo de lo contrario: en cuanto al tipo de prácticas que la banca privada ha tenido en México, apenas en 2021, la Comisión Federal de Competencia Económica (Cofece) llevó a cabo una investigación en la que consta que, entre 2010 y 2013, siete bancos y 11 *traders* se coludieron y pactaron 142 acuerdos ilegales para vender o comprar a cierto precio, o para no comercializar ni adquirir ciertos papeles de deuda gubernamental, generando un daño en el mercado.

O basta citar también los casos que han vinculado a bancos privados en lavado de dinero de grupos criminales.

LESIVAS CONCESIONES

Muchos de los principales recursos formalmente no privatizados fueron usufructuados por privados mediante el esquema, bajo las directrices del modelo neoliberal, de concesiones para la explotación de los codiciados bienes, como las minas y otros sectores.

De este modelo de concesiones a su vez germinaron también fortunas privadas, debido a los muy amplios privilegios y la baja contraprestación.

En su estudio *Minería y privilegios: Captura política y desigualdad en el acceso a los bienes comunes naturales en México*, Oxfam señala:

> El interés de las empresas extractivas sobre los bienes minerales de México responde a una tendencia que atraviesa toda América Latina a partir de la implementación de las políticas neoliberales en la década de los 80. El neoliberalismo, para el caso latinoamericano, ha sido interpretado por varios autores como una estrategia promovida con ciertas potencias políticas y económicas mundiales con el fin de contrarrestar las iniciativas de industrialización y nacionalización de bienes emprendidas por varios países de la región [...] con el fin de convertir sus economías en proveedoras de materias primas para la demanda del mercado mundial.

Mediante la Ley Minera de 1992, estratégicamente se asignaron concesiones que privilegiaron ampliamente el interés privado sobre el colectivo, ya que se estipularon contraprestaciones mínimas para el Estado, lo cual permitió la aplicación de un modelo extractivista francamente devastador del hábitat de amplias regiones, y en condiciones de muy alto riesgo con ínfima protección para los trabajadores.

A partir de tal ley, la vigencia de las concesiones, que hasta entonces era de 25 años, se amplió a 50, con posibilidad de prorrogarla por el mismo periodo al solicitarlo dentro de los cinco años previos al término de su vigencia, y quedó abierta la opción de transmitir su titularidad, es decir, de intercambiarla o venderla a un tercero. A su vez, también generó otra posibilidad de negocio para esos particulares tenedores de concesiones: la especulación en los mercados de valores.

Los particulares favorecidos con las concesiones explotadas han aplicado un modelo extractivista con consecuencias criminales, ya que históricamente, además, ha cobrado la vida de miles de trabajadores, resultado de la bajísima o nula inversión en seguridad con la finalidad de reducir sus costos al mínimo y maximizar sus ganancias.

Estos modelos de concesiones, al cabo de los años, no han merecido la atención suficiente de las autoridades de los distintos niveles de gobierno, las cuales han sido omisas también a cumplir sus obligaciones de supervisar puntualmente las condiciones de seguridad y riesgo para los trabajadores. Desafortunadamente, las industrias solo se ponen bajo escrutinio cuando este modelo extractivista cobra víctimas, como ha ocurrido con las minas en entidades como Coahuila.

El claro ejemplo del modelo descrito son las concesiones mineras en los pueblos de la Carbonífera, donde la expresión "carbón rojo" alude a los trabajadores que laboran sin protección, a falta de otra fuente de empleo.

Así, desde el siniestro de Barroterán en 1969, pasando por Pasta de Conchos en 2006, hasta lo ocurrido en Sabinas en 2022, la historia evidencia cómo han persistido las deficientes condiciones en detrimento de los trabajadores del sector minero. Además, este sistema de altos privilegios para las empresas mineras ha generado devastación en incontables regiones, que ha producido enfermedades a sus habitantes y daños irreversibles al medio ambiente, lo cual fue reconocido como una de las principales causas de desplazamiento forzado por la relatora especial de la ONU durante su visita a México en 2022.

Por ejemplo, el informe *Episodios de desplazamiento interno forzado en México 2021*, de la Comisión Mexicana de Defensa y Promoción de los Derechos Humanos (CMDPDH), refiere que en 2014 el gobierno de Nayarit autorizó el asentamiento de 14 proyectos mineros, en su mayoría de compañías trasnacionales, "que han causado el desplazamiento de al menos mil 400 indígenas wixárikas".

La magnitud del territorio nacional cuasi privatizado mediante polémicas concesiones para su explotación es considerable: a partir de que se impulsaron las reformas y políticas neoliberales, entre los gobiernos de Salinas y Peña Nieto, se extrajeron mayores volúmenes de minerales que los extraídos durante la época de la Colonia, en la que la región del actual México precisamente se distinguió del resto del orbe por los recursos mineros extraídos.

El mismo estudio de Oxfam calcula que "durante el periodo de 2000-2010 se extrajo de México el doble de oro que a lo largo de 300 años de conquista y coloniaje".

La proporción del territorio mexicano concesionado para actividades mineras, previo a la ley minera salinista, era de 1% de territorio nacional, y mediante las posteriores concesiones para 2018 llegaba a 10.64%, incluidas algunas zonas oficialmente consideradas áreas naturales protegidas en entidades como Baja California, Baja California Sur, Coahuila, San Luis Potosí, Hidalgo, Querétaro y Guanajuato; además de tierras ejidales y comunales, territorios indígenas, zonas arqueológicas y zonas económicas exclusivas en el lecho marítimo.

Como "territorio mexicano", podríamos considerarlo "propiedad de los mexicanos". No obstante, 10.64% de este ha sido de alguna forma privatizado para el usufructo de los beneficiarios de esas concesiones.

La explotación de ese territorio a manos de privados de diversa índole (empresas nacionales y trasnacionales) ha generado además todo tipo de problemas a lo largo del país, como los desplazamientos forzados, desastres y, en algunos casos, destrucción irreparable.

Emblemático e histórico es el caso del cerro San Pedro, en San Luis Potosí, cuya importancia en el pasado lo convirtió en la imagen que forma parte del escudo de este estado: debido a la letal aplicación de una concesión minera, terminó devastado.

Tal modelo de concesiones y explotación históricamente ha generado también riesgos para los defensores de derechos humanos y del territorio.

El Centro Mexicano de Derecho Ambiental (Cemda), con casi tres décadas de trabajo en la defensa del medio ambiente y los recursos naturales, documenta que, en términos de incidencia, las agresiones más frecuentes contra personas y comunidades defensoras de los derechos humanos ambientales, relacionadas con el sector minero, son la intimidación, el hostigamiento y las amenazas.

De los casos más recientes al momento de llevar a cabo esta investigación, se puede mencionar el conflicto relacionado con la actividad minera en la región de Aquila, Michoacán: en enero de 2023 desapareció el defensor de derechos humanos Ricardo Lagunes, así como el profesor Antonio Díaz, líder de la comunidad indígena y defensor del medio ambiente.

ATRACO CON DISFRAZ DE "MODERNIZACIÓN"

En la corriente de neoliberalismo de la escuela de Chicago académicamente se formaron varios de los economistas que llegarían a ser funcionarios gubernamentales y pondrían en acción las directrices privatizadoras.

En México, la desincorporación de bienes de la administración pública se promovía de manera oficial como una supuesta reconversión industrial, como "la entrada del país a la modernidad", y se insistía en que era la única vía para renovar al Estado. Pero en su aplicación los bienes altamente lucrativos se fueron quedando en manos de privados, algunos vinculados directamente con esos funcionarios que favorecieron las "desincorporaciones".

En los momentos de dificultades económicas para aquellos privados cercanos al poder, no obstante, se echaba mano del mismo Estado —es decir, de las arcas públicas— para su rescate. Esto es lo que ocurrió con el llamado Fobaproa, el Fondo Bancario de Protección al Ahorro, que el gobierno del PRI y su mayoría de legisladores y afines, en medio de una crisis, avalaron lanzar como salvavidas de ciertos banqueros y empresarios, es decir, se socializaron sus deudas.

La manera de operarlo fue inicialmente usando los mecanismos que hacía apenas unos años el gobierno del mismo partido había creado precisamente para la privatización de la banca. En 1990 el presidente Salinas de Gortari envió al Congreso un proyecto de ley para modificar la propiedad de los bancos estatales y privatizarlos. Derivado de esta, en julio de ese año, se publicó la Ley de Instituciones de Crédito, dentro de la cual se resolvió también la creación del Fondo Bancario de Protección al Ahorro, cuya finalidad, según el decreto, sería "la realización de operaciones preventivas tendientes a evitar problemas financieros que pudieran presentar las instituciones de banca múltiple, así como procurar el cumplimiento de obligaciones a cargo de dichas instituciones, objeto de protección expresa del Fondo"; mera simulación porque los banqueros ni siquiera cumplirían con sus obligaciones de aportar a ese fondo, en corresponsabilidad con las autoridades del sector, que no supervisaban a cabalidad.

Como fideicomiso tenía como antecedente el Fondo de Apoyo Preventivo a las Instituciones de Banca Múltiple (Fonapre), que estaba vigente desde los años de la banca estatizada, y sustituiría a este.

De por sí, previo a su privatización el sector ya era deficiente, pero con esta esas deficiencias lejos de corregirse se profundizaron, como consecuencia también de la laxa actuación de las autoridades, so pretexto de la pretendida "apertura".

Uno de los problemas de raíz lo generó el que la privatización de la banca operada por el salinismo respondía a la lógica de desmantelamiento de empresas propiedad del Estado, para beneficio de algunos privados. Como ocurrió con los otros rubros, la privatización de este también se hizo de manera deficiente, desde el proceso de desincorporación de los bancos para asignárselos a empresarios entre quienes se contaban los que no tenían experiencia en este rubro, pero estaban vinculados al grupo político en el poder.

La revisión técnica que la Auditoría Superior de la Federación (ASF) realizaría años después, como parte de un amplio informe a propósito de las irregularidades en el llamado rescate bancario, lo explica con puntualidad. Precisamente se refiere a la situación del sector, previo a su privatización:

La estatización de las instituciones bancarias en 1982 no conllevó a establecer toda la estructura normativa en el sistema bancario mexicano para asegurar las sanas prácticas bancarias. No se implantaron los sistemas de investigación y evaluación en el otorgamiento de créditos, lo que resultó en un factor importante de la crisis. No se consolidó el sistema de garantías efectivas para el otorgamiento de los créditos ni la evaluación de estos ni el rigor para las reservas preventivas de la cartera vencida. La cultura del no pago prevalecía en el sistema.

Las políticas bancarias no fueron prudenciales para manejar el sistema bancario. No había los alicientes de la competencia, el marco regulador era ineficiente y los directivos, salvo excepciones, no contaban con el perfil adecuado.[3]

---

[3] *Informe Integral sobre la Fiscalización del Rescate Bancario de 1995 a 2004.*

Luego, cuando los bancos fueron privatizados, prosigue la ASF en su diagnóstico:

no se renovaron en tiempo y forma la regulación y supervisión del sistema financiero que en esos años mostraba deficiencias importantes. En la privatización, el cambio estructural financiero se hizo a través de la liberación bancaria, bajo un sistema de supervisión ineficiente, principalmente en la medición de los riesgos crediticios en los que estaban incurriendo las instituciones de banca múltiple. Las normas contables anacrónicas y la falta de transparencia de la información dificultaban conocer la verdadera situación financiera de estas [...] tampoco se puso especial interés en los problemas futuros que podría acarrear el apalancamiento excesivo con el que algunos accionistas adquirieron los bancos.

Los bancos privatizados operaban con irregularidades, como hacerse autopréstamos y otorgarse créditos sin garantía o cruzados —de bancos y accionistas entre sí—, aunado a que había un apalancamiento excesivo de parte de los nuevos banqueros para adquirir esos bancos. Los entes gubernamentales fueron omisos a esos malos manejos. En tales circunstancias continúa el informe de la ASF:

aunado a la ausencia de un sistema contable que efectivamente les permitiera realizar una adecuada supervisión y regulación, ocasionó que la SHCP, la CNBV y el Banxico desconocieran cuál era la verdadera situación financiera y de riesgo de los bancos y eso, en buena parte, provocó el manejo discrecional de las autoridades financieras en las medidas adoptadas en la crisis. No obstante, no se explican las razones de la falta de intervención oportuna de las autoridades financieras para que los bancos iniciaran un programa de saneamiento, ante el crecimiento de la cartera vencida.

Antes de la crisis de diciembre de 1994, los bancos presentaban malas condiciones: por un lado, tenían deudas que pagar a corto plazo y, por otro, un deterioro de la cartera de créditos, en buena parte de ella, con dudosa recuperabilidad y sin una base sólida de garantías.

En ese contexto de cuantiosas deudas por pagar a corto plazo y las anomalías en sus créditos, la crisis financiera de 1994-1995 ahondó las graves deficiencias con las que ya operaba el sector bancario privatizado y, como respuesta, el gobierno ya de Ernesto Zedillo activó la polémica utilización del Fobaproa.

La aplicación de los programas de supuesto apoyo, además, se inició sin tener el diagnóstico de la magnitud de la crisis ni las condiciones reales de los bancos, así como el ocultamiento del tipo de medidas y decisiones para asumir las responsabilidades de cada banco pese a las irregularidades con que operaban. Por parte de las autoridades gubernamentales, nuevamente se impuso la discrecionalidad, que dio pie a todo tipo de anomalías.

Así, el Fobaproa se tornaría un bacanal de la plutocracia. Inicialmente las operaciones derivadas del programa de saneamiento financiero se hicieron al margen de la Constitución, dado que el Fobaproa era un fideicomiso que no formaba parte de la administración pública federal, por lo que no debía recibir recursos públicos.

El llamado saneamiento financiero se hizo en condiciones de opacidad por parte del comité técnico, en la conformación de los portafolios de créditos de los bancos. El Fobaproa asumió obligaciones en los contratos de compra de cartera, a su vez entregaba pagarés (firmados por el Fobaproa con el apoyo solidario del gobierno federal) relacionados con tal compra de cartera. Y en ese mecanismo se rescató a bancos que no cumplían los requisitos, los cuales a su vez abusivamente incluían créditos que presentaban múltiples irregularidades.

En tanto, se presionaba a los pequeños deudores, o quienes tenían créditos muy modestos a que pagaran a como diera lugar. Destaca además que quienes operaban el Fobaproa, si se trataba de algún influyente les aceptaban bienes (como daciones de pago, o para quitas de los adeudos) a los cuales les daban un valor muy por encima del real. Luego esos bienes los fueron desincorporando y subastando también de manera discrecional.

El episodio Fobaproa se convertiría en uno de los de mayor opacidad, primero en la decisión del rescate bancario, luego en su mecanismo de aplicación con la férrea negativa de informar públicamente a quiénes y con qué montos se estaba rescatando, ya que, aun cuando se realizaba con recursos públicos, se pretextaba el llamado "secreto bancario".

Las auditorías que en diversos periodos se intentaron llevar a cabo, tanto relacionadas con el proceso de saneamiento financiero, como de la recepción y posterior colocación de esos bienes, fueron bloqueadas o incompletas. Con la argucia del "secreto bancario", la información que se iba poniendo a disposición de los auditores era sesgada, con el objetivo de obstaculizar los trabajos de fiscalización. Esto también ocurriría incluso después de que el IPAB se encargó de dar continuidad a los programas, aun cuando se había condicionado a los bancos la obligación de someterse a auditorias; sin embargo, de forma recurrente estos entablaron procedimientos jurídicos para impedir que se les fiscalizara, evidentemente para que sus triquiñuelas siguieran blindadas.

De tal manera que no hubo una revisión puntual de cada una de las operaciones realizadas por el Fobaproa, ni de los inventarios de activos o pasivos. Los nombres de los mayores beneficiarios se guardaban como secreto de Estado, pese a que se les estaba rescatando con dinero público, y como tal, debía estar sujeto a rendición de cuentas. No obstante, gracias a la labor de integrantes de la entonces oposición, en aquellos años se difundieron los nombres de algunos de los mayores beneficiados.

Lo anterior, precedido por una conferencia de prensa y los posicionamientos de legisladores que acusaban al secretario de Hacienda del gabinete zedillista, José Ángel Gurría (quien en 1998 sustituyó a Guillermo Ortiz al frente de la SHCP, cargo que ocuparía hasta noviembre de 2000; a Ortiz se le envió al Banco de México)[4], y al secretario ejecutivo del IPAB Vicente Corta, de encubrimiento al no dar parte al Ministerio Público de las irregularidades detectadas en los créditos. Posteriormente, la entonces oposición difundiría una lista con 747 nombres de empresas y particulares que se habrían beneficiado del Fobaproa.[5]

---

[4] La SHCP del gobierno de Zedillo tuvo como titulares a Jaime Serra Puche (subsecretario de Hacienda con Miguel de la Madrid, y secretario de Comercio y Fomento Industrial con Salinas), quien estaría en el cargo solo 28 días (diciembre 1994) y presentaría su renuncia. Zedillo designó luego a Guillermo Ortiz (subsecretario de Hacienda con Salinas), quien estaría de diciembre de 1994 a diciembre de 1997; luego se le transfirió al Banco de México y Zedillo designó a José Ángel Gurría (también funcionario público desde el gabinete de De la Madrid y luego en el de Salinas). En 2023, luego de promoverse como aspirante a la candidatura presidencial, Gurría declinaría su postulación para ser designado por la Coalición Va por México para desarrollar su proyecto de gobierno (para las elecciones de 2024).

[5] "Lista del Fobaproa con 747 nombres de personas y firmas", *La Jornada*, jueves 8 de junio de 2000. Disponible en: https://www.jornada.com.mx/2000/06/08/pablo.html

COMPLICIDAD DEL CONGRESO

En marzo y abril de 1998 el gobierno de Zedillo presentó al Congreso diversas iniciativas de ley que tenían como punto central convertir en deuda pública los pasivos que hasta esos momentos cuantificaba el Fobaproa (552 mil 300 millones de pesos) —el costo de los programas de saneamiento financiero, compra de cartera y canalización de apoyos— compromisos que el Ejecutivo había contraído en términos administrativos, pero sin la aprobación del Congreso, lo que le daba el carácter de ilegal, como en ese tiempo denunció la entonces oposición.

El monto, además, era mucho mayor al que, en 1996, en su Segundo informe de Gobierno, Zedillo había cuantificado como los recursos fiscales que se comprometerían para ese rescate, ya que había dicho que serían 180 mil millones de pesos que se irían erogando a lo largo de varios años —sin precisar cuántos—. Ya en sus Quinto y Sexto informes no referiría cifras sobre el rescate bancario, ni mucho menos las deudas que heredaba al país por el Fobaproa.

En los siguientes meses de que Zedillo y su gabinete hacendario enviaran las polémicas iniciativas —ante reclamos y la exposición pública por parte de la entonces oposición, de lo que implicaban—, estas serían disfrazadas, o intentadas disfrazar con maneras eufemísticas de la supuesta necesidad de crear nuevos organismos "para salva-guardar el sistema financiero mexicano".

Aun cuando se reconocía que las operaciones que el Ejecutivo había comenzado al margen del Congreso implicaban ya el compromiso multimillonario de recursos públicos, solo la entonces oposición destacaba los costos del quebranto y que la actuación discrecional del Comité Técnico había generado su cuantioso aumento.

"El fraude del siglo"

En una ominosa sesión del 12 de diciembre de 1998, custodiada por elementos de seguridad, el Legislativo validó que los compromisos que el Ejecutivo había contraído por el Fobaproa se volvieran deuda pública, con los correspondientes intereses, mismos que, además, han encarecido la deuda estratosféricamente como explicaré más adelante.

Las fracciones del PRI y el PAN que apoyaron con su voto pretextaban de diversas maneras que se trataba de evitar el colapso del sistema financiero.

Se aprobó la creación de un organismo público descentralizado que —según la validación que hizo el Legislativo— se encargaría de administrar los programas de saneamiento financiero y asumiría las funciones que hasta esos momentos tenía el Fobaproa, se le denominaría Instituto de Protección al Ahorro Bancario (IPAB).

El IPAB asumiría la deuda neta proveniente del rescate financiero aplicado por el gobierno por conducto del Fobaproa y del Fondo de Apoyo al Mercado de Valores (Fameval), y para ello, a este organismo se le transferirían asignaciones presupuestales anuales en un ramo específico del Presupuesto de Egresos de la Federación. Es decir, los pasivos de la banca privada, para entonces en poder del Fobaproa, los volvían deuda de todos.

"El fraude del siglo", le calificaron las voces de la entonces oposición. "El mayor atraco que se ha cometido en muchos años en contra del pueblo mexicano ha sido realizado con guante blanco", definió uno de los legisladores en su posicionamiento en contra. Tenía razón. Ha sido de los mayores costos para la hacienda pública, y se fue fraguando como delito de *guante blanco*, o de *cuello blanco*. Los posicionamientos de los legisladores es posible leerlos en el Diario de los Debates —órgano oficial de la Cámara de Diputados— de esa fecha.

Memoria de aquella sesión, de enorme peso histórico no solo porque en ella se comprometerían recursos públicos de las venideras generaciones, sino por la composición ideológica y posterior pragmatismo de los grupos políticos.

Desde la tribuna de los entonces perredistas, y entonces partido de oposición al PRI y al PAN se escucharon argumentos como el siguiente:

Sobre el PRI, pero más aún sobre el PAN, pesará de manera ignominiosa el juicio de la historia; ambos partidos serán responsables de que sobre las siguientes generaciones de mexicanos gravite una onerosa, injusta y desleal deuda que según los cálculos se pagarán hasta el 2025.[6]

A esta altura de nuestro discurso no podemos sino cuestionarnos: ¿qué fue lo que recibió el PAN para suscribir tamaño compromiso? ¿Qué beneficios inmediatos o a mediano plazo va a recibir por esa traición?

Finalmente yo quiero leer aquí una intervención que tuvo el diputado panista Eduardo Mendoza el día de ayer, en una reunión con Acción Nacional y dijo textualmente dirigiéndose a los diputados panistas: "señores, apelo a su conciencia, a la memoria histórica, para que no seamos una vez más la mano que le da oxígeno a ese cadáver que es el PRI y que le permite seguir viviendo. Lo dejamos vivir en 1988, ¿ya no recuerdan? Sí, con el pretexto de que Salinas debería legitimarse en el poder, les permitimos asumir la Presidencia y ya ven los resultados; en 1989, quién puede olvidar cuando el partido cedió para ayudar a una ley electoral que marcó al país por tantas irregularidades; después vino la elección de 1994, cuando después del debate de Diego Fernández de Cevallos se cayó y dejamos al PRI y ahora —dijo finalmente—, estamos aquí otra vez avalando

_____

[6] Este es el cálculo que se hacía entonces, pero ya se sabe que el pago de la deuda implicara varias décadas más.

todas las ilegalidades del Fobaproa y dándole otra vez oxígeno a ese dinosaurio que se niega a morir".

De manera que, la rectoría del Estado sobre el sistema bancario se hizo valer solamente para rescatar a particulares, algunos de ellos empresarios que ya además habían sido beneficiarios de las privatizaciones.

En esas maniobras la sociedad perdió no solo cuando esas deudas se le endosaron, pagaderas con el cúmulo de intereses, sino también con la forma en la que primero el Fobaproa y por lo menos en el inicio de su operación, en el IPAB manejaron los activos a su cargo.

Durante la etapa de creación del IPAB, el Fobaproa supuestamente permanecería en operación hasta que concluyeran las auditorías que había ordenado el Congreso, pero como ya lo mencionamos estas auditorías no se hicieron a cabalidad; y tal y como habían alertado los legisladores que se opusieron a la aprobación de este mecanismo, la transferencia Fobaproa-IPAB continuó encubriendo los quebrantos.

Nuevamente hubo bancos que recurrieron a argucias legaloides para evitar que se auditaran las operaciones de compra de cartera, y con la finalidad de que los canjes de los bonos de IPAB les siguieran favoreciendo.

El proceso de canje de los pagarés Fobaproa por bonos IPAB acabó por convertirse en otro episodio de concesiones y privilegios a los bancos, auspiciado por el ya gobierno panista en la Presidencia.

Además, en su primera etapa, el IPAB dio continuidad a prácticas indebidas en el manejo de activos. Formalmente asumiría la titularidad de las operaciones de los programas de saneamiento; también administraría y enajenaría los bienes, supuestamente con el objetivo de "obtener el máximo valor de recuperación posible". Pero, en la enajenación de los activos, aun cuando supuestamente se hacían mediante subasta pública, estas se desarrollaban con deficiencias y un alto nivel de opacidad.

Si el Fobaproa se había convertido en una cueva de Alibaba, el naciente IPAB la blindaba con el pretexto del "secreto fiscal".

En esos primeros años de operación del IPAB (de los años 2000 a 2007), ante el Órgano Interno de Control —dependiente de la Secretaría de la Función Pública—, se presentaron denuncias contra funcionarios por anomalías en la venta de cartera Fobaproa, diversas denuncias también derivadas de las irregularidades que descubrió la ASF mediante las revisiones que alcanzaría a realizar; denuncias por inconsistencias en la compra de inmuebles; denuncias por irregularidades en la liquidación de bancos como el Banco Unión y Banco Obrero; denuncias por inconsistencias en la compra venta de carteras crediticias; quejas por el tráfico de influencias entre el IPAB y los bancos; quejas por irregularidades en la dación de pago de inmuebles de bancos, entre muchas otras, según datos que obtuve mediante una solicitud de información ante la Secretaría de la Función Pública.

Al año 2023, el estatus de cada uno de esos expedientes es de "concluido", pero las particularidades de cada queja o denuncia que el OIC integró contra servidores públicos del IPAB, de los años 2000 a 2007 no es posible conocerlas, ya que tales expedientes fueron dados de baja con motivo de la prescripción del plazo de conservación establecido en el Catálogo de disposición Documental 2012.

Durante el gobierno de Vicente Fox, una de las líneas de investigación de la Comisión Especial que en el Congreso se creó —ante las irregularidades y tráfico de influencias de la familia presidencial— precisamente se relacionó con subastas de bienes subvaluados para favorecer a empresas de socios de los hijastros del presidente. Otra de las indagatorias fue el tráfico de influencias en Pemex a favor de la empresa Oceanografía, pesquisa para la cual aporté cuantiosa información que obtuve mediante mis investigaciones periodísticas.

En esos años tuve acceso a los expedientes que esa comisión iba integrando, los cuales incluían testimonios de empleados o exempleados de las compañías vinculadas en las transacciones bajo indagatoria. Uno de los testimonios más relevantes, y que dan mayor claridad del tipo de operaciones anómalas que se hacían de los activos bajo administración del IPAB fue el de una excolaboradora en las empresas vinculadas a los socios de los hijastros del presidente.

Ella presentó su contundente testimonio ante la Comisión Especial —en 2006 lo publiqué en las páginas de *Contralínea* (número 63)— en que narró el entramado de los negocios inmobiliarios que vincularon a los hijastros del presidente y sus socios en activos que el IPAB les vendió a precios de remate y el cómo se dio la comercialización.

Las indagatorias de la Comisión fueron saboteadas desde el Congreso por los integrantes del PAN —entonces en el gobierno— y los funcionarios bajo investigación.

COSTOSA DEUDA HEREDADA

En síntesis: la privatización de los bancos salinista técnicamente se hizo bajo un sistema de supervisión deficiente y desordenada; luego ya los bancos privatizados operaban con graves irregularidades y prácticas hasta fraudulentas que fueron solapadas por los entes gubernamentales que no hacían tampoco la debida revisión, lo cual recrudeció el impacto de las crisis 1994-1995, y la respuesta del gobierno zedillista fue la aplicación del Fobaproa de manera discrecional, con altos niveles de anomalías que elevaron el costo del rescate; luego vino el endosamiento de esa deuda, como deuda pública, con los intereses correspondientes, que a partir de entonces se han estado pagando, y que implicará muchos años más, sin que se pueda precisar cuántos.

Lo anterior lo refiero derivado de que, para esta investigación, mediante una solicitud de información pregunté al IPAB el monto de la deuda (al año 2023) proveniente del rescate financiero que fue aplicado por el Gobierno Federal desde su designación como deuda pública en la administración de Zedillo, por conducto del Fobaproa y del Fameval, y que se trata de deuda que el IPAB asumió. Pregunté también en qué año se cubrirá la deuda total. Me refiero a la respuesta primero, precisamente del año en que se cubrirá la deuda total:

> la estrategia del IPAB en materia de administración y refinanciamiento de pasivos, ha consistido en hacer frente a sus obligaciones financieras de manera sostenible en el largo plazo al menor costo posible y en el marco de una administración prudente de riesgos y por tanto, ante los movimientos económicos que se presenten a nivel nacional e internacional que pudieran impactar directamente en la administración de la deuda; por lo anterior expuesto no se establece un plazo específico del pago de la deuda del Instituto.

Insistí en tener mayor claridad sobre el año en que se cubrirá totalmente la deuda proveniente del rescate financiero que fue impuesto por el Gobierno Federal de Zedillo, por conducto del Fobaproa y del Fameval, y que se trata de deuda que el IPAB asumió.

Presenté una nueva solicitud de información. La respuesta:

Se hace del conocimiento que la estrategia del IPAB en materia de administración y refinanciamiento de pasivos ha consistido en hacer frente a sus obligaciones financieras de manera sostenible a largo plazo, al menor costo posible y en el marco de una administración prudente de riesgos. Sin perjuicio de lo anterior, y considerando el dinamismo de las variables económicas que se presenten a nivel nacional e internacional y que pudieran impactar de manera directa o indirectamente en la administración de la deuda, no es posible establecer un plazo específico para el pago de dichos pasivos.

Sobre las cantidades, al 31 de diciembre de 1999, cuando ya estaba en manos del IPAB, la deuda neta era de 687 mil 844 millones de pesos; a diciembre de 2022, la deuda ascendía a 962 mil 389 millones de pesos, según cifras obtenidas del IPAB.

El monto que del erario se ha pagado por la deuda heredada de Fobaproa y otros esquemas de rescate bancario, a enero de 2023, ascendería a 1 billón 280 mil millones de pesos. O para mayor precisión, la cifra que, en enero de 2023, expuso ante la comisión de Hacienda del Congreso uno de los vocales del IPAB: "el erario público ha erogado 1 billón 280 mil millones de pesos en pagos por el servicio de la deuda heredada de Fobaproa y otros esquemas de rescate bancario, este monto equivale a prácticamente dos veces, de hecho 1.87 veces el monto de la deuda original".

Además de heredar la cuantiosa deuda, en su gobierno Zedillo dio continuidad a las privatizaciones. Uno de los sectores estratégicos privatizados fue el de los ferrocarriles, primero, mediante una reforma al Artículo 28 constitucional para adjudicar concesiones en este rubro.

Uno de los beneficiarios fue el consorcio Union Pacific, en el cual Zedillo se emplearía en febrero de 2001. Es decir, apenas unos meses después de concluir su gobierno. La puerta giratoria del funcionario público que se emplea con una de las empresas privadas favorecida de su gobierno. "Su vasto conocimiento de los problemas económicos y comerciales ayudará a guiar nuestra estrategia de crecimiento en toda nuestra red ferroviaria en los próximos años" habría dicho el entonces presidente y director ejecutivo de Union Pacific Corp, Richard *Dick* Davidson, según notas periodísticas fechadas en febrero de 2001.[7] "Me complace dar la bienvenida a nuestro directorio al Dr. Ernesto Zedillo, expresidente de México. Aporta una gran cantidad de conocimientos y experiencia que nos ayudarán a seguir haciendo crecer nuestro negocio tanto al norte como al sur de la frontera", cita en su reporte anual 2001 el consorcio.

---

[7] Reuters, "La gigante ferroviaria Union Pacific incorpora a Zedillo a su directorio", *La Jornada*, 22 de febrero de 2001, disponible en https://jornada.com.mx/2001/02/23/007n2pol.html

2

De las desincorporaciones
a las criminales subrogaciones

El Fobaproa y su imposición de convertir las deudas privadas en públicas hermanó a los legisladores de PRI y PAN. Este último, a su llegada al gobierno federal en el 2000, daría continuidad a las políticas neoliberales.

Cuando se dio la alternancia en la presidencia de los gobiernos del PRI al PAN, los funcionarios a cargo de la administración pública —con un primer titular del Ejecutivo con mentalidad gerencial debido a su experiencia en una corporación de sodas, y el siguiente de cabildero de compañías del sector energético— evidentemente comulgaban con las mismas ideas de sus antecesores de disminuir al máximo la participación del Estado en diversos sectores.

Se continuó con el modelo de concesiones de los recursos, sobre todo los energéticos, también en esquemas lesivos para el interés público, priorizando desde las estructuras gubernamentales que ciertas compañías —con las cuales tenían intereses personales— recibieran amplios beneficios.

En los gobiernos de Vicente Fox y Felipe Calderón se perpetuó esa política de desarticulación de las capacidades del Estado, adicionando fórmulas como la subrogación, la subcontratación, el *outsourcing* o tercerización, entre otras.

Durante su administración, las contadas paraestatales formalmente no privatizadas, en su operación cotidiana, fueron debilitadas para justificar la necesidad de "subrogar" o "subcontratar" sus actividades, también como vía de transferencia de los recursos públicos.

No solo se fueron "subrogando" los trabajos de administración que directamente les competían (en salud, educación, seguridad social y hasta el sistema penitenciario con la contratación de penales administrados y operados por privados), sino que se solapó y generalizó el modelo de subcontratación laboral en el país en cualquier rubro. El empleo así, tanto en las contraprestaciones como en sus condiciones, quedó aún más precarizado.

Bajo esta modalidad también se evadían los pagos correspondientes de cuotas a los sistemas de seguridad social a los que cada trabajador tiene derecho. Esto a su vez operó en detrimento de las arcas públicas, mermando las capacidades de las instituciones de seguridad social.

Se incrementó el modelo de *outsourcing* a tal nivel que incluso surgieron negocios dedicados exclusivamente a este, con presencia en buena parte del país, y sus dueños conocidos en el ámbito de los negocios como "reyes del *outsourcing*". Aunado que este mecanismo también derivaría en el negocio de los factureros.

Ya con las llamadas reformas estructurales de Peña Nieto se buscó convalidar jurídicamente estas prácticas tan lesivas para los trabajadores.

Se impulsaron, además, las llamadas asociaciones público-privadas (APP), que formalmente son relaciones contractuales a largo plazo en las que el sector privado desarrolla infraestructura para prestar servicios parciales o totales al sector público. Se prometía que de esta manera los servicios públicos serían menos costosos y más eficientes. En su aplicación real fueron esquemas de deuda a largo plazo contraída por el gobierno con muy redituables beneficios para los privados (sus asociados).

También se generalizó la subcontratación de obras y servicios prácticamente en todos los rubros, con la consecuente subutilización o desarticulación de la infraestructura del Estado.

Así pues, aun aquellos sectores públicos que contaban con los recursos materiales, infraestructura y recursos humanos se fueron subutilizando o desmantelando para privilegiar la contratación de privados, compañías que no pocas veces tenían alguna relación con los funcionarios contratantes.

Lo mismo en el sector energético que en el de comunicaciones y transportes, el de salud y muchos otros: en ellos se impuso el modelo de contratación de empresas privadas para que se hicieran cargo de sus servicios. Las áreas estratégicas de la administración pública fueron reducidas a meras administradoras de contratos en un esquema de transacción en el cual, en no pocos casos, los destinatarios de los recursos presupuestales acababan por tener algún nivel de vinculación con los funcionarios públicos.

Lo anterior no tuvo como resultado una mayor eficiencia en los servicios. Las instancias gubernamentales simplemente fueron sometidas a condiciones de contratación a menudo leoninas.

Ejemplos de los esquemas que en términos generales fueron descritos es la subcontratación o subrogación que desde los gobiernos panistas el sector salud hizo con empresas privadas hasta para los estudios más generales (de gabinete y laboratorio) que habitualmente debían proporcionar a los derechohabientes; también el arrendamiento de equipos y para la adquisición, transporte y distribución de medicamentos, lo que no garantizaba el abasto suficiente en clínicas y hospitales en zonas urbanas, y mucho menos en las rurales (lo pude constatar en mis recorridos durante años de trabajo de reporteo), pero sí le aseguraba negocios a compañías propiedad de políticos o empresarios allegados a estos.

En 2009, en una de estas investigaciones, revelé que en el gobierno de Felipe Calderón, los institutos de salud pública del país estaban destinando millonarios recursos a la subrogación de servicios que por ley debían proporcionar a sus derechohabientes, así como a los beneficiarios de esos mecanismos.[1] La política de subrogación que ya desde entonces encubría además el desabasto de medicamentos, en los gobiernos panistas se hacía extensiva tanto a los sistemas de salud de civiles, así como los institutos de las fuerzas armadas.[2]

Este entramado sería uno de los primeros que la administración de Andrés Manuel López Obrador intentaría cambiar, sin que al momento de escribir estas líneas se haya concretado cabalmente, ya que la insuficiencia de infraestructura, recursos materiales y humanos para la debida atención de los pacientes, además del desabasto de medicamentos continúa.

Otro ejemplo son las empresas contratadas para la construcción, administración y operación de centros penitenciarios, lo cual llegó a costarle al Estado entre 3 mil y 6 mil pesos diarios por cada interno, como si se tratara

---

[1] Ana Lilia Pérez, "Mediante subrogaciones se privatiza la salud pública", *Contralínea*, mayo 2009, disponible en https://contralinea.com.mx/salud/mediante-subrogaciones-se-privatiza-la-salud-publica/

[2] Ana Lilia Pérez, "La debacle del ISSFAM", *Contralínea*, abril de 2009, disponible en https://contralinea.com.mx/sociedad/la-debacle-de-iss-fam/

de hoteles de lujo. Desde luego, en este negocio privado no se proponía ni mínimamente su readaptación social.

Tal mecanismo fue diseñado y puesto en marcha desde la administración de Calderón, con Genaro García Luna como secretario de Seguridad Pública, quien manejó cuantiosos recursos públicos desde sus años al frente de la AFI en el gabinete foxista y luego ascendido a titular de Secretaría por Calderón.

El poderoso exfuncionario sería detenido en 2019 por las autoridades estadounidenses que le imputaron cargos relacionados con el tráfico de drogas y vínculos con el crimen organizado, que, según las acusaciones, habría iniciado desde que fungía como director de la AFI, continuado como secretario de Estado en el gabinete de Calderón, y que —según las autoridades— prosiguió; en 2023 un jurado lo declararía culpable de todos los cargos imputados.

Con Calderón, por cierto, tenía una relación tan estrecha que era determinante para la toma de decisiones, lo que no era ajeno en el ámbito público a nivel nacional e internacional, botón de muestra las palabras del expresidente francés Nicolas Sarkozy plasmadas en el documental del caso de Florence Cassez e Israel Vallarta que Netflix lanzó en 2022, en el que, a propósito de la influencia de García Luna sobre Calderón, refirió que "su ministro era, en este caso en particular, más poderoso que el presidente".

Genaro García Luna personifica lo que llamo un "funcionario-contratista", con el papel de un agente doble. En esta situación, se beneficiaba de dos formas: primero, al ocupar cargos remunerados con fondos del erario; y luego, al aprovechar su posición y sus conexiones gubernamentales para ser contratado de manera ventajosa por entidades públicas. Así también hacía las veces de funcionario y criminal, manejando sus responsabilidades en el ámbito de la seguridad aparentemente para el gobierno, mientras operaba en beneficio de grupos mafiosos.

De este tipo de funcionarios-contratistas ha estado copada la administración pública en sus diversos niveles.

En García Luna se tiene también una muestra de un depredador de recursos públicos, que en tanto tuvo cargos de alta relevancia a su vez benefició con multimillonarias contrataciones a empresarios con los que se le vincularía en transacciones irregulares, y quienes, posteriormente se encargarían de costear su lujoso estilo de vida y de su familia en Estados Unidos.

Luego apareció como contratista para ser favorecido con adjudicaciones directas, además de dudosas en cuanto al tipo de trabajos que supuestamente habría realizado.

Describo como ejemplo la contratación que el Partido Acción Nacional hizo a GLAC, Security Consulting, Technology and Risk Management, y que le pagó con recursos públicos que ese partido recibe como prerrogativas, como detallo a continuación.

GLAC se anunciaba como "un corporativo que integra reconocida experiencia y conocimiento en seguridad, tecnología y gestión de riesgos con consultores de prestigio internacional de más de 20 años de servicio en áreas de seguridad pública, seguridad nacional e inteligencia". Según su registro, esta habría sido creada el 11 de septiembre de 2014. Refería su ubicación en por lo menos dos sedes: Cuajimalpa en Ciudad de México y Florida en Estados Unidos.

Llamó mi atención conocer las especificaciones de este contrato, pues esa empresa aparece en las indagatorias hechas públicas por la Unidad de Inteligencia Financiera —de México— como una de las que el exfuncionario habría utilizado para sus mecanismos de lavado de dinero.

Pero más peculiar me resultó recordar aquella conversación que (en 2012) trascendió públicamente entre la panista Josefina Vázquez Mota y su coordinador de redes sociales Agustín Torres, "un saludo cariñoso a Genaro García Luna, quien nos graba en lugar de grabar a el Chapo". Así que resultaba paradójico que ese partido cuyas figuras destacadas se quejaban del espionaje de García Luna, después contratara a la empresa en que este fungía como CEO.

Para recibir el contrato, el 23 de marzo de 2015 GLAC se inscribió en el Registro Nacional de Proveedores del INE, ya que este es uno de los requisitos para las contrataciones que hacen los partidos políticos con los recursos que se les transfiere como prerrogativas, como pude confirmar en ese instituto.

En 2023 —cuando públicamente estaban ya bajo indagatoria de la UIF los contratos suscritos por dependencias gubernamentales con empresas vinculadas a García Luna, y ya el gobierno mexicano procesaba en cortes de Estados Unidos el reclamo para la devolución de 700 millones de dólares que se cuantificaron como el patrimonio que el exfuncionario ilegamente habría acumulado en detrimento de las arcas públicas—, mediante la Plataforma Nacional de Transparencia, solicité al PAN los contratos suscritos con GLAC.

El PAN respondió que "solamente existió una relación contractual con la empresa GLAC". Obtuve el contrato de "prestación de servicios" que el PAN le adjudicó. Se integra de cuatro fojas, y se firmó entre Carlos Alfredo Olson San Vicente, representante legal de partido, y Edgar Anuar Rodríguez García, representante de GLAC. Las cláusulas del contrato son poco claras: "El prestador se obliga a prestar un Servicio de Asesoría y Análisis a, 'El Cliente'".

La descripción simplemente dice: "Asesoría y Análisis en procedimientos de recursos humanos en el Comité Ejecutivo Nacional", por una contraprestación de 1 millón de pesos más el IVA, 16%; es decir, un total de 1 millón 160 mil. El "servicio" se realizaría en las instalaciones del PAN en avenida Coyoacán, a más tardar el día 27 de abril de 2015, según las cláusulas.

Se incluyeron dos cláusulas que se relacionan con los procesos de fiscalización que por ley el INE hace sobre este tipo de contrataciones: "Que el prestador acepta coadyuvar con el cliente a efectos de dar cumplimiento al reglamento en materia de fiscalización emitidos por el Consejo General del Instituto Nacional Electoral denominado Reglamento para la Fiscalización del Instituto Nacional Electoral, estando sujeto el presente contrato a posibles observaciones por parte de la autoridad electoral derivadas al objeto de este contrato".

Y la segunda: "Que el prestador se obliga a extender comprobantes (en hoja impresa u medio magnético), así como cumplir en lo general y en lo particular lo dispuesto en los artículos relativos y objetos del presente contrato de conformidad con el nuevo Reglamento de Fiscalización".

Se incluyó también una cláusula de confidencialidad que señala que "'El Prestador', reconoce que 'El Cliente' es propietario exclusivo de los datos, información y resultados que se produzcan o que este le proporcione o le haya proporcionado y durante el cumplimiento del servicio objeto del presente contrato, los cuales tienen el carácter de confidencial y constituyen un secreto industrial de 'El Cliente'".

Luego solicité al PAN el acta constitutiva que el proveedor GLAC habría presentado para establecer la relación contractual mediante la cual se le había asignado el citado contrato; se negó a proporcionarla, declaró como "confidencial" tal información.

El argumento resulta peculiar y por lo menos contradictorio de lo que públicamente ese partido exponía, ya que la respuesta se dio (junio de 2023) en un contexto en el cual públicamente el PAN se envolvía en una bandera de transparencia y rendición de cuentas, y reclamaba la dilación para que se nombrara a los comisionados del INAI, y por otra parte, en su respuesta incurría en incumplimiento a las leyes de transparencia, como es el caso de la información solicitada, y que al tratarse de documentación vinculada a transacciones pagadas con recursos públicos, no debe ser confidencial.

Además de ello, la UIF ya había identificado a GLAC como una empresa de García Luna, y que esta había sido una de las utilizadas para el lavado de dinero y otros ilícitos. El 9 de marzo de 2023, desde la Conferencia de prensa en Palacio Nacional, el titular de la UIF, Pablo Gómez, había expuesto, después de enunciar varias empresas vinculadas con García Luna y su familia:

Y la cuarta empresa, GLAC Security Consulting, Technology, Risk Management, S.C. es una sociedad civil mexicana, instalada de acuerdo con las leyes de México, cuyo dueño es García Luna y cuya dueña es la esposa de García Luna.

[…] aquí tenemos nosotros una operación el 24 de abril de 2015, SPEI quiere decir una transferencia interbancaria dentro del mercado financiero mexicano del Partido Acción Nacional hacia GLAC Security Consulting, Technology, Risk, que es propiedad de García Luna y de la familia de García Luna, 1 millón 160 mil pesos, moneda nacional.

El conecte comercial que había entre Acción Nacional y GLAC Security encabezado por García Luna no era ajeno a la relación con su partido, que es lo que se dice insistentemente. Se han dicho muchas cosas en descargo de responsabilidades políticas evidentes, pero no solamente hay responsabilidades políticas evidentes, sino también hay vínculos que ya no son de tipo que tiene que ver con ideas, con planteamientos, con lo que sea, sino ya algo mucho más cercano al grado de tener un vínculo comercial, digamos, un acto comercial que de todas maneras pues queda ahí para la historia como todas las demás.

Tres meses después de que públicamente el titular de la UIF explicara ampliamente el nexo de García Luna con la citada contratación, el PAN decidía declarar como "confidencial", la documentación de su contratista.

En su respuesta, en junio de 2023, para negar el acta constitutiva que el proveedor GLAC le habría presentado para establecer la relación contractual, el PAN argumentó:

Se hace de su conocimiento que la documentación solicitada tiene por objeto establecer la administración y organización interna de una empresa de orden privado, así como asentar los nombres, domicilios y nacionalidades de los que la integran y las cantidades de capital que aportan los socios y los beneficios que les corresponden. De esta manera, se trata de información relativa a datos personales de personas físicas en relación con su patrimonio, así como información que comprende hechos y actos de carácter económico, jurídico y administrativo de una persona moral y que pudiera ser útil para un competidor ya que revela detalles sobre la administración de la empresa, las decisiones de sus socios, acuerdos de los órganos de administración, políticas de dividendos y sus modificaciones en la constitución administrativa y de capital.

[...]

Por tanto, resolvió que la información solicitada acredita su carácter confidencial ya que, por una parte, contiene datos personales de personas físicas que permitirían su identificación, así como datos que los vincularía con su patrimonio, entendido este como el conjunto de bienes, derechos y obligaciones que son estimables económicamente. Por otra parte, se expondría el patrimonio de una persona moral de orden privado, así como también se revelarían los actos de carácter económico, contable, jurídico y administrativo de dicha persona que pudieran ser útiles a un competidor.

Oficialmente este contrato, como el resto de las transacciones que el PAN habría hecho con otros proveedores, pasó por la fiscalización del INE, ya que a este le corresponde la revisión de los informes que los partidos le presenten sobre el origen y destino de sus recursos ordinarios. Así que me di a la tarea de revisar los informes de fiscalización que el INE hizo a los recursos que el PAN registró como egresos en 2015, que corresponde al año en que contrató a GLAC.

El resultado de esa fiscalización se integró en la Resolución del Consejo General del INE, "respecto de las irregularidades encontradas en el Dictamen Consolidado de la revisión de los informes anuales de ingresos y gastos del Partido Acción Nacional correspondiente al ejercicio dos mil quince", y que se identifica con el número INE/ CG806/2016.

En la página 42 del amplio documento, se precisan: "en el cuadro siguiente se señalan cada una de las irregularidades cometidas por el partido político [...]".

Y se incluye un cuadro que, entre otras irregularidades, describe: "El partido omitió presentar la evidencia que permitiera constatar el objeto partidista del gasto realizado con el proveedor GLAC Security Consulting, Technology, Risk Management, S.C. por concepto de asesoría y análisis en procedimientos de recursos humanos en el CEN, por $1,160,000.00".

En una segunda mención que se hace de esa contratación, en la página 63 de la Resolución en la parte de conclusiones se señala:

... Que las faltas se calificaron como Grave Ordinaria, en virtud de haberse acreditado la vulneración a los valores y principios sustanciales protegidos por la Legislación Electoral, aplicable en materia de fiscalización.

Por lo que hace a las circunstancias de modo, tiempo y lugar, respectivamente, se tomó en cuenta que la irregularidad atribuible al sujeto infractor, consistió en reportar egresos que carecen de objeto partidista por concepto de gasto realizado con el proveedor GLAC Security Consulting, Technology, Risk Management, S.C. por concepto de asesoría y análisis en procedimientos de recursos humanos en el CEN, por un importe de $1,160,000.00, durante el ejercicio 2015.

Así que tal contratación se consideró como irregularidad.

En el proceso de fiscalización se le había requerido al partido el informe de resultados de los trabajos supuestamente realizados por ese proveedor. El CEN respondió que se encontraban recabando la información, pero no la entregó.

Entonces le pregunté a la Unidad Técnica de Fiscalización del INE el motivo de que se determinara como una irregularidad tal contratación. Y la Unidad Técnica de

Fiscalización mediante un oficio[3] me explicó que el PAN "registró facturas sin anexar el informe de resultados de los trabajos realizados por los proveedores, por lo tanto, no pudo acreditar el objeto partidista de las operaciones".

¿Qué servicio hizo entonces la empresa de García Luna para el PAN?

Mediante la Plataforma Nacional de Transparencia solicité a ese partido los informes del servicio que hizo la empresa contratada, y como respuesta se me indicó que ingresara a una liga de internet que me llevó a una página inexistente.

En otra solicitud pedí el comprobante del pago de la multa que el Consejo General del INE le impuso por tal contratación —al ser considerada por el área de fiscalización como una irregularidad "grave ordinaria"—, una multa que ascendía al mismo monto del contrato (dinero del erario también, ya que se le haría la reducción de la ministración que el partido recibe por concepto de financiamiento público para el sostenimiento de actividades ordinarias permanentes).

En respuesta se me remitió a páginas de internet donde tampoco aparece la información precisa, así que presenté sendas impugnaciones a las respuestas, que al momento de escribir estas líneas seguían en proceso.

---

[3] Oficio Número N.INE-UTF-DG/ET/488/2023

La contratación que le hizo el PAN fue solo una de las varias que, con recursos públicos, entes gubernamentales de niveles diversos también le hicieron. En el caso de la entonces Procuraduría General de Justicia de la Ciudad de México, por ejemplo, para los años 2016 y 2017, por varios millones (algunas de las facturas pagadas también pueden verse en el anexo).

GLAC era dirigida personalmente por García Luna, incluso durante 2018, cuando su nombre ya sonaba en las cortes estadounidenses por los señalamientos en su contra que hicieron los testigos durante el juicio de Joaquín Guzmán Loera.

En tanto García Luna todavía estuvo promoviéndose y a su empresa, a través de charlas que daba en Estados Unidos, como la que dio el 11 diciembre de 2018, cuando en el marco de la nueva administración que en México arrancaba, él, como CEO de GLAC Consulting, fue invitado por el Baker Institute para hablar de "un nuevo modelo de seguridad para México".

Ante los asistentes al foro convocado por ese instituto, habló de la corrupción, criminalidad y violencia en México y cómo combatirla; al año siguiente su vida daría un giro a partir de que las autoridades estadounidenses lo detuvieron bajo cargos criminales de alta gravedad.

Aquella charla o conversatorio, en que utilizó una presentación con el logotipo de GLAC, puede verse aún en internet.

El costo de las subrogaciones

Cierro esta explicación de los lesivos mecanismos de subrogación que se impusieron a partir de los gobiernos panistas, con el caso que es la muestra más clara de las atrocidades generadas cuando se pone por delante el lucro a costa de lo que sea.

Se trata de la subrogación que impusieron también en las guarderías del sistema de seguridad social, cuyas deficiencias, riesgos y sus consecuencias quedaron al descubierto con la tragedia de la Guardería ABC, en Hermosillo, Sonora. Un incendio ocurrido en junio de 2009, que se originó en una bodega aledaña al sitio donde operaba la guardería subrogada por el Instituto Mexicano del Seguro Social (IMSS), que claramente no tenía la infraestructura ni condiciones apropiadas, pero que tenía entre sus propietarios a una familiar de la esposa del entonces presidente Calderón, Margarita Zavala Gómez del Campo.

En el incendio fallecieron 49 niños, 24 sufrieron quemaduras y 81 fueron expuestos al humo y gases, con secuelas para algunos de por vida.

Este es uno de los casos más dolorosos para la sociedad mexicana y que permaneció impune. A casi 13 años del siniestro, el 23 de febrero de 2022, durante la presentación de su libro *10 años de derechos: Autobiografía jurisprudencial*, el entonces presidente de la Suprema Corte de Justicia de la Nación, Arturo Zaldívar, quien se ocupó del caso ABC en aquellos años, cuando recién había ingresado como ministro, revelaría:

Las mamás y los papás de los niños fallecidos y lesionados se fueron presentando uno a uno y una a una diciéndome su nombre y el nombre de su niña o su niño, y si su niño o su niña estaba lesionado o había fallecido...

Un papá me fue narrando cómo durante todo el día fue buscando a su niña Emilia, no la encontraba en ningún lado hasta que a la una de la mañana la encontró en un hospital, la reconoció por su ropita y a la hora que tocaba su piel, su piel se rompía y se despegaba...

Me contaron los papás y las mamás que el gobierno de Felipe Calderón no había permitido que salieran aviones a Sacramento, donde había un hospital esperándolos para poderlos curar, porque no querían que se hiciera grande el escándalo y se hiciera mayor alharaca con este tema.

Me contaron cómo [...] los directivos del Instituto Mexicano del Seguro Social habían alterado sus expedientes médicos para no pagarles lo que les tenían que pagar por sus lesiones y por la situación en que habían quedado...

Hoy puedo dar fe de una operación de Estado para proteger a la familia de la esposa del presidente, para proteger a los altos funcionarios públicos de ese gobierno, que hoy viene a hablar de Estado de derecho y de autonomía y de no sé cuántas cosas más, sin ninguna autoridad moral para decirlo, porque yo puedo dar fe de que eso es una hipocresía.

3

"Nuevo PRI", más reformas privatizadoras... y saqueadoras

Con los referidos antecedentes de reformas, adiciones y modificaciones a la Constitución, el hijo pródigo del "nuevo PRI" llegó en 2012 a la presidencia con todo un paquete de reformas para modificar —en ley— la estructura económica del país (de allí el mote de "reformas estructurales") y ahondar las privatizaciones, con lo que muchas de las operaciones hasta entonces irregulares —como la subutilización de las capacidades del sector público— quedaron amparadas constitucionalmente.

Las primeras claves de esta política aparecieron con la presentación estelar, la tarde del 30 de noviembre de 2012, de los primeros secretarios que acompañarían a Enrique Peña Nieto. En el salón Constelaciones del Hyatt Regency de Polanco, en el grupo encabezado por Miguel Ángel Osorio Chong, nuevo secretario de Gobernación, los *flashes* de las cámaras captaban los rostros sonrientes enmarcados

en un fondo gris con la frase "Nos une México".[1] Sobre
el podio 20 hombres en traje sastre, dos en gala militar y
tres mujeres en tacones altos, portando finos ropajes, el
"nuevo PRI", que volvía a la presidencia tras la alternancia
bisexenal del PAN, prometía ahora sí "salvar a México".

El presidente electo llevaba consigo a sus colaboradores más cercanos: Luis Videgaray, nuevo secretario de
Hacienda, y Emilio Lozoya, su recolector de dinero y ges-
tor de conexiones a nivel internacional. Asimismo, el
abogado Gerardo Ruiz Esparza, quien trabajó con Peña
Nieto desde sus años de gobernador, como secretario de
Comunicaciones en el Estado de México, y ahora sería el
coordinador de Infraestructura en el equipo de transición gubernamental.

Ruiz era una de las piezas de ajedrez con las que el
presidente prometió "mover a México" a través de sus pre-
tendidas reformas estructurales.

A diferencia de los colaboradores de Peña llegados de
Toluca, en el ámbito federal Ruiz no era un novato: su trayectoria databa de tiempos salinistas, cuando fue coordinador en el Instituto del Fondo Nacional de Vivienda para
los Trabajadores (Infonavit), director jurídico del IMSS y
también director de administración de este mismo institu-

---

[1] Esta frase apareció en la presentación del gabinete de Peña Nieto el
30 de noviembre de 2012. De manera similar, "México nos une" se utilizó en el anuncio de la coalición electoral y legislativa PRI, PAN, PRD, el
12 de enero de 2023.

to. De ahí trascendió al gobierno de Ernesto Zedillo, en que fue director de Aeropuertos y Servicios Auxiliares (ASA) y luego de administración de la Comisión Federal de Electricidad (CFE), de 1999 a 2005, pues la nómina transexenal de Vicente Fox lo mantuvo todavía un par de años.

Aunque no mexiquense de cuna, se lo consideraba parte del Grupo Atlacomulco en mancuerna con la familia Del Mazo, parientes de Peña Nieto. Trabajó con Alfredo del Mazo González como asesor y subsecretario de Gobierno (1981-1987) y también coordinó la campaña en la que el segundo Alfredo de la dinastía fallidamente buscó gobernar la Ciudad de México.

Refugiado ya en el gabinete mexiquense de Peña, Ruiz operó proyectos carreteros que fueron públicamente cuestionados. Al igual que Luis Videgaray, parecía imprescindible para Enrique, tanto como que regularmente lo acompañaba a sus giras al extranjero, y para la campaña presidencial diseñó sus 266 compromisos, los cuales firmó ante un notario.

Con los recursos públicos se debían cumplir las metas del Plan Nacional de Desarrollo (PND) 2013-2018, con el que Peña Nieto prometió edificar una nación próspera para los mexicanos, y donde la Secretaría de Comunicaciones y Transportes (SCT) adquirió un papel clave que el presidente expuso en los siguientes términos: "Uno de los componentes fundamentales para construir un México próspero que beneficie a todos los mexicanos es el desarrollo de infraestructura en materia de comunicaciones y transportes […] es necesario mejorar y ampliar carreteras, ferrocarriles, puertos, aeropuertos y servicios de telecomunicaciones".

Sin embargo, la SCT se dedicó a repartir contrataciones a diestra y siniestra para obra y mantenimiento, en particular a empresas "amigas" y hasta a compadres de Enrique Peña Nieto, como es el caso de la familia San Román, padrinos de su hija Paulina Peña, y muchas otras compañías.

En varias carreteras se usaron materiales de mucha menor calidad que la de los facturados. La SCT frecuentemente hacía pagos en demasía o por obras con diferentes especificaciones a las del proyecto original: reencarpetamientos que rápidamente presentaban fisuras, socavaciones de terraplenes, entre otras anomalías. Lo anterior se constató en diversas inspecciones de la Auditoría Superior de la Federación (ASF).

El mantenimiento carretero se convirtió en un gran negocio de empresas "patito" que supuestamente hicieron reparaciones que debían durar 10 años mínimo, y a la vuelta de uno o dos años, las carreteras nuevamente estaban en las mismas condiciones y se tenían que volver a reparar. También se contrataron empresas que usaban documentos falsos que la SCT dio por buenos. Además de vulnerar la hacienda pública y suponer riesgos para los usuarios, los trabajos fueron deficientes o de plano ni se realizaron.

Peña logró que se aprobaran las reformas estructurales por él propuestas, como parte de un plan que supuestamente tenía la meta general de "llevar a México a su máximo potencial", a través de cinco rubros específicos: "México en Paz", "México Incluyente", "México con Educación de Calidad", "México Próspero" y "México con Responsabilidad Global". No ocurrió.

Parte del fracaso de sus planes y programas se debió, asimismo, a que muchos de los recursos públicos para diversos sectores se desviaron a los bolsillos de funcionarios e incluso a campañas políticas, mediante la generalizada artimaña de las empresas fantasma o fachada, las cuales se crean sin que se identifique a sus verdaderos propietarios y se usan para mover flujos de dinero sin una actividad, bienes o servicios reales de por medio.

El dinero para paliar el hambre de las poblaciones más vulnerables tuvo el mismo destino. Se oficializó en enero de 2013, como el programa estelar de esa administración en una estrategia de política social, a cargo de Sedesol, con Rosario Robles como su primer responsable (seguida de José Antonio Meade Kuribreña, Luis Miranda Nava, Eviel Pérez Magaña), como la manera en la que, se prometió, la meta era erradicar el hambre y la desnutrición del país para 2018.

Se trataba de diversos programas, que en conjunto denominaron Cruzada Nacional contra el Hambre. La realidad fue que, de manera rapaz, se desviaron millones de pesos de esos recursos; es decir, se utilizó como parte del mecanismo articulado para saquear el dinero público, en este caso, el que debía destinarse a la población en pobreza extrema alimentaria.[2]

Técnicamente fue un fracaso desde su inicio. La auditoría de desempeño que la ASF hizo a la Cruzada Nacional contra el Hambre concluye que esta presentó deficiencias desde su diseño normativo, programático, presupuestal y de evaluación que afectaron su implementación.

En términos cuantitativos el negativo impacto de esa estrategia se puede dimensionar con lo que determinó la ASF correspondiente al último año de gobierno de Peña Nieto en que frases como "no acreditó", "no sustentó", "no definió", "no incluyó", "no justificó", y particularmente "no cumplió" se lee repetidamente en el dictamen.

Según su estimación, solamente se habría atendido de manera integral a 0.1% de la población en pobreza extrema alimentaria, de la población objetivo (de 7.8 millones de personas en pobreza extrema por alimentación).[3]

Aunque sí se gastaron recursos multimillonarios. Tan solo la Sedesol del gabinete de Peña habría dispuesto, según la cuantificación hecha por la ASF, de al menos 8 mil 083 millones 967 mil 500 pesos específicos para la Cruzada.

---

[2] Ya que esta formó parte de las operaciones irregulares que configuraron el entramado de triangulaciones mediante convenios suscritos por diversas dependencias gubernamentales, descubiertas por la ASF, y que la prensa denominó estafa maestra.

[3] El diagnóstico que hizo la ASF puede consultarse en la Auditoría de Desempeño de la Cruzada Nacional contra el Hambre.

El caso de la reforma energética destaca por tratarse de los cambios más pretendidos desde aquellas primeras modificaciones hechas por los gobiernos de Miguel de la Madrid y Carlos Salinas. Estos se habían ido aplicando paulatinamente tanto en Pemex como en la CFE, con la deliberada subutilización, para dar mayor margen de operación y beneficios a consorcios privados, muchos de ellos relacionados con los funcionarios públicos.

Para el caso de Pemex, se prometía que la reforma haría más eficiente a la empresa y tendría una utilidad social mayor. Lo cierto es que su puesta en marcha no se tradujo en la creación de los 500 mil nuevos empleos que se preveían para lo que restaba del sexenio, y tampoco en los 2.5 millones que, se dijo, habría para 2025, según la tendencia de los primeros años luego de que entrara en vigor.

Se dijo que con la reforma la producción de crudo llegaría a 3.5 millones de barriles por día. No fue así. Lo que sí ocurrió fue que se incrementó el robo de combustible y refinados —como revelé en mis investigaciones periodísticas—, y al mismo tiempo se buscó justificar el incremento de las importaciones.

DESINCORPORACIONES Y ROBOS

Bajo la pantalla de las reformas estructurales, también se les impusieron a las paraestatales operaciones en las cuales, nuevamente, se benefició a empresarios que ya habían resultado beneficiados años atrás con la política privatizadora.

Uno de los casos que lo ilustra muy bien es el de la empresa Agronitrogenados, propietaria de plantas e instalaciones que antes del salinato le pertenecían al Estado, y que fueron privatizadas por el gobierno que decía que esas plantas no eran estratégicas (aun cuando su producción es básica para la agroindustria), para entregarlas a empresarios cercanos a los altos funcionarios del gobierno. Luego de usarlas y sacarles ganancias por años, esos empresarios las mantuvieron en calidad de chatarra, y en tal condición fueron compradas a un estratosférico sobreprecio por Pemex, bajo la dirección de Emilio Lozoya, como parte de la reestructura de la paraestatal derivada de la reforma energética de Peña; adquisición que terminaría por generar un quebranto multimillonario a las finanzas de Pemex.

Para esta adquisición se diseñó un entramado irregular en el que se sometió a la petrolera a una truculenta y lesiva negociación que se acordó en la oficina del presidente Peña en Los Pinos, según confesó Emilio Lozoya en una denuncia de hechos presentada ante la Fiscalía General de la República (FGR) en agosto de 2020.

Algo similar se hizo con las plantas de Fertinal, activos también desincorporados del Estado.

En la era peñanietista, mientras se recompraban plantas chatarra, dentro de Pemex otras plantas y activos estratégicos eran "desincorporados" para su venta a precio de chatarra, como se hizo con algunas plantas de hidrógeno, que, aun cuando son esenciales para las refinerías, se pretextó que era más costoso tenerlas.

Además, solapar el constante desmantelamiento hormiga de equipos, plataformas y materiales en las instalaciones de Pemex era también una manera de justificar la supuesta "necesidad" de compras y gastos, y la cada vez mayor operación de contratistas privados.

Al respecto, cabe destacar el robo y desmantelamiento hormiga que se ejecutaba también en las plataformas e instalaciones marítimas, saqueo del cual ya he expuesto algunos casos en otros de mis libros y en investigaciones periodísticas que he publicado en medios diversos (donde revelé también la operación de huachicol a escala industrial mediante embarcaciones de todo tipo).

Según información inédita, que pude obtener para este libro, los robos a plataformas se intensificaron exponencialmente en el último periodo del gobierno de Peña Nieto, como ocurrió con el huachicol. Estos continuaron todavía en 2019, y solamente pudieron reducirse a partir de 2020, como detallo a continuación.

Mediante el robo hormiga o incluso con la irrupción de personas armadas a bordo de lanchas, se fueron sustrayendo valiosos equipos y materiales de plataformas tripuladas y no tripuladas (también llamadas "satélite"): equipos de respiración autónoma, balsas salvavidas, bombas neumáticas e hidroneumáticas, baterías, cableado, transformadores, válvulas, gabinetes, hidrantes, uniformes, trajes de bombero, entre otros.

Los primeros robos a las plataformas datan de septiembre de 2008: la Yaxché, en la región marina suroeste, fue desvalijada.[4] Ya entonces la seguridad de las áreas marítimas donde Pemex lleva a cabo actividades para la exploración y producción de crudo, consideradas de seguridad nacional, estaba a cargo de su Gerencia de Seguridad, de su área de control de tráfico marino, de la Secretaría de Marina (Semar) y otras dependencias del gobierno federal.

En el periodo del gobierno de Enrique Peña Nieto, cuando oficialmente más recursos se destinaron a la seguridad de las instalaciones de Pemex, al frente de la cual estaba el general Eduardo León Trauwitz, se registró la mayor incidencia de robos. León Trauwitz era el militar de las confianzas de Peña, su jefe de seguridad cuando gobernaba en el Estado de México, y lo llevó a su gabinete en la administración pública federal.

Para la seguridad de sus instalaciones costa afuera, Pemex suscribió con la Secretaría de Marina el Convenio de Colaboración Semar-Pemex 2014-2018, que se formalizó el 20 de enero de 2014, entre la Gerencia de Servicios de Seguridad Física (GSSF) de la petrolera (renombrada Sub-

---

[4] Para mayor precisión de cómo ocurrió ese robo, ver Ana Lilia Pérez, *El cártel negro*, México, Grijalbo, 2011.

dirección de Salvaguardia Estratégica —SSE—) y la Comisión Coordinadora para la Protección y Seguridad a Instalaciones Estratégicas de la Semar.

El objeto del convenio fue que, bajo el contexto de seguridad nacional, la Semar proporcionara protección y seguridad a las instalaciones estratégicas de Pemex, además de patrullar su red de ductos localizados costa afuera y zonas marinas del territorio nacional.

Datos de reportes internos que obtuve para este libro evidencian que en 2018 se registró la mayor incidencia de robos y actos vandálicos, los cuales sumaron 298 casos; una cifra que había ido creciendo desde 2016 cuando se registraron 80 casos; luego en 2017, 202. Para 2019, el primero de la administración de Andrés Manuel López Obrador, se registraron 146; en 2020, la cifra descendió a 24 eventos; en 2021, se registraron 11; y en 2022, hasta el 31 de agosto, que es el corte de cifras hecho para esta investigación, se habían presentado 19.

Los reportes de las diferentes regiones de producción de Pemex que obtuve registraron los robos y actos de vandalismo en los campos Cantarell, Ku-Maloob-Zaap y en el Activo de Producción Litoral de Tabasco. Este último fue el de mayor incidencia de robos y actos vandálicos, los cuales ocurrieron también en su terminal marítima, donde hubo 36 eventos en los que personas identificadas como "ajenas" a la instalación habrían irrumpido para sustraer materiales, equipos, o para cometer actos vandálicos diversos.

Los robos más costosos

En los registros se cuantifican robos que en un solo atraco alcanzaron cifras millonarias. Destacan, por el monto estimado de lo robado, por año consecutivo, los siguientes:

En 2016, de la plataforma Balam-A-Satélite[5] se robaron materiales por 6 millones 098 mil 117.29 (todas las estimaciones en pesos); un segundo robo también a esa plataforma por 9 millones 527 mil 271.60; y a Akal-S-Satélite, por 8 millones 750 mil 326.26.

En 2017 la Ek-TB Perforación fue blanco de robo y vandalismo cuantificados en 43 millones 574 mil 078.72; la Akal-P-Satélite, por 12 millones 820 mil 564.40; la Kutz-TA-Satélite, en 5 millones 586 mil 934.92.

En 2018, el 8 de enero, se descubrió el robo y vandalismo a la May-C, cuantificado en 11 millones 937 mil; el 25 de mayo, el robo y vandalismo a la Tsimin-B, cuantificado en 20 millones; el 11 de junio se registró el robo y desmantelamiento del sistema de respaldo hidráulico de la batería de separación APLTTX en los campos Yaxche-Xanab, cuantificados en 12 millones 951 mil 270; el 21 de julio, se descubrió el robo y vandalismo a la Kab-A, cuantificado en 10 millones; el 4 de octubre, la May-DL1, con robos y vandalismo cuantificados en 6 millones 267 mil 750.

---

[5] La ubicación de algunas de las plataformas puede observarse en el mapa de las páginas siguientes.

En enero de 2019 diversas plataformas de litoral fueron vandalizadas y robadas por montos de varios millones también: el 17 de enero, la Kab-B, 3 millones 597 mil 547; el 18 de enero, la Kab-A vandalizada y blanco de robos estimado en 6 millones 516 mil 564; y la Sinan-201, 1 millón 222 mil 216; el 19 de enero, la Kab-B, 1 millón 651 mil 713; el 26 de enero, la Uech-TB, 3 millones 746 mil 933.

El 27 de enero de 2019 cinco plataformas de la misma zona fueron vandalizadas y atracadas: la Sinan-101, 4 millones 759 mil 028; Sinan-201, 1 millón 276 mil 534; Kab-A, 2 millones 382 mil 009; Bolontiku-1, 4 millones 897 mil 405; Bolontiku-B, 3 millones 079 mil 524.

Al día siguiente, el 28 de enero, la Och-1B, 1 millón 247 mil 255; la Och-TA, 4 millones 443 mil 160; ese mismo día, por montos menores, fueron robadas también la Xanab-B, 171 mil 839; y la Tsimin-C, 171 mil 816.

El 7 de febrero de 2019 la Xanab-B fue blanco de robo por 3 millones 189 mil 934.

El 1 de mayo de 2019, la Kab-B fue blanco de vandalismo y robo por 10 millones 756 mil 443; el 3 de mayo, la Sinan-101, por 3 millones 652 mil 064; el 2 de junio la Kax-1 fue blanco de robo por 8 millones 001 mil 706; el 4 de junio, la Xanab-C, 10 millones 890 mil 363; el 20 de junio, las plataformas Kab-A y Kab-B fueron blanco de robos que sumaron 6 millones 757 mil 089.

PLATAFORMAS E INSTALACIONES MARÍTIMAS DE PEMEX

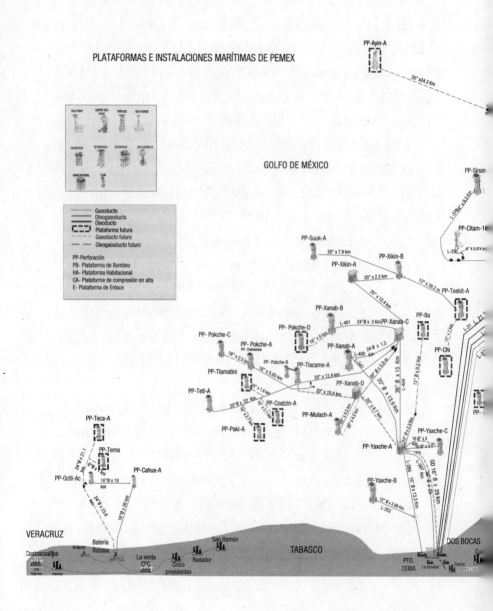

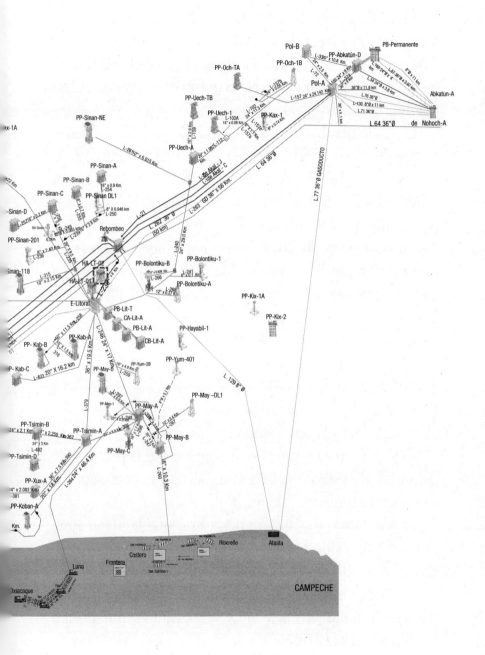

El 21 de agosto de 2019 la Kax-1 fue blanco de robo que ascendió a 10 millones 981 mil 130; y la Uech-TB, por 5 millones 137 mil 840; al día siguiente, la Och-1B y la Sinan-NE fueron blanco de robo que sumó 2 millones 182 mil 556.

El 12 de octubre de 2019 la Kab-B y la Kab-A fueron blanco de robo y vandalismo por 6 millones 310 mil 832. Al día siguiente, las plataformas Sinan-101 y Sinan-201, por 3 millones 642 mil 497. El 27 de octubre, la Tsimin-A, por 3 millones 753 mil 326.

En noviembre de 2019 fueron blanco de robo las plataformas Tsimin-B, Tsimin-C, May B y Xux-B (esta ultima en tres ocasiones solo ese mes, los días 6,19 y 21); el monto estimado fue de 15 millones 982 mil 259.

En diciembre de 2019 los robos más costosos fueron a las plataformas Xux-A, por 13 millones 955 mil 736; y Xux-B, por 6 millones 831 mil 899.

En 2020 uno de los robos más costosos fue el de la plataforma Cahua-A, por 7 millones 756 mil 226.

El 9 de febrero de 2021 se descubrió que la plataforma Xikin-B había sido objeto de vandalismo y robo cuantificados en 10 millones 508 mil 379.

El 9 de junio de 2021 se descubrió que la plataforma Suuk-A había sido blanco de vandalismo y robo cuantificados en 6 millones 952 mil 323.

El 18 de marzo de 2022, se descubrió que la plataforma Tetl-A fue objeto de robo y vandalismo estimados en 8 millones 814 mil 502.

Es pertinente precisar que las cifras de la afectación económica por cada robo corresponden solo a aquellos casos en los cuales los reportes internos se realizaron de manera más exhaustiva, ya que cada área administrativa de la subsidiaria Exploración y Producción registra sus datos con criterios diferentes, y en muchos casos no se especificó el monto económico del robo, lo que dificulta la cuantificación de las pérdidas que la paraestatal, a lo largo de su historia, ha tenido de manera global por los robos a sus plataformas e instalaciones marítimas.

OPERATIVOS REACTIVOS

En marzo de 2021, durante una conferencia de prensa hecha desde Campeche, a nombre de la Secretaría de Marina, el subsecretario almirante Eduardo Redondo habló de la Operación Refuerzo Sonda. Explicó que desde el 2 de mayo de 2020 se evitaba "el asedio por integrantes del crimen organizado dedicados al robo en las instalaciones estratégicas y buques en la Sonda de Campeche".

Detalló que tal operación había contribuido sustancialmente a la disminución de los ilícitos en la Sonda de Campeche: 92.3% de 2019 a 2020.

En efecto, si consideramos las cifras no solo de 2019, sino desde 2018, cuando se registró la mayor incidencia de robos, según los registros internos que obtuve para esta investigación, estas se redujeron significativamente.

No obstante, que estos ocurrieran derivaba también, en parte, de que la Semar atiende a los eventos ocurridos en las plataformas de manera reactiva, pero desde las instalaciones de Pemex no siempre se notifica de manera puntual.

Veamos:

Los informes internos registran, por ejemplo, que el 16 de abril 2022, a las 05:00 horas, personal de guardia de seguridad física informó al administrador del centro procesador Litoral-A que a la 01:25 recibió un reporte por parte del controlador de vuelos de la compañía Latina-1, indicándole que a la 01:00 personas ajenas a las instalaciones de Pemex abordaron la plataforma satélite Xanab-D con armas cortas, con las cuales amedrentaron al personal que se encontraba laborando en la instalación (ayudante, personal de la embarcación BP Vigo y del campamento Latina-1).

Ese mismo día, según el reporte correspondiente, se habrían robado materiales y vandalizado la plataforma Ita-A.

Después el 14 de mayo, tripulación de la embarcación Maersk Implementer reportó que aproximadamente a las 22:00 horas personas ajenas a Pemex y a la compañía Typhoon abordaron a la plataforma satélite Xikin-A, en donde amagaron a 16 personas de Typhoon que se encontraba en la instalación haciendo trabajos relacionados a la intervención del pozo Xikin-24, y al personal lo despojaron de sus pertenencias, así como de 33 equipos de respiración autónomo y un contenedor de agua para estación de lavado de ojos; dicho material fue embarcado en una lancha tipo ribereña con rumbo desconocido.

En la información interna de Pemex, de ese periodo, se registraron robos a la Akal-BN, Akal-DB, Akal-TD, Akal-I, Akal S, Cheek-A, Esah-A, Chuc-B, Abkatun-H, Tetl-A, Xanab-D, Ita-A, Xikin-A, Teekit-A; también el área de rebombeo del Activo de Producción Ku-Maloob Zaap, de donde se sustrajeron 20 equipos de respiración autónoma, entre otros materiales, valuados en 747 mil pesos; y en la trampa sur de la TMDB.

Al parecer no todos los robos ocurridos fueron del conocimiento de la Semar, ya que, en julio de 2022, a raíz de diversas notas periodísticas que señalaban atracos ocurridos en plataformas, y mientras yo desarrollaba la investigación para este libro, solicité a la Semar, vía su área de comunicación social, el número oficial de robos a plataformas de los cuales tuviera registro.

Las cifras que me proporcionó la Undécima Zona Naval con sede en Ciudad del Carmen, Campeche, señalaban que de enero a julio de 2022 se habían recibido 43 reportes de eventos ocurridos en las plataformas de Pemex, de los cuales 38 habían sido avistamientos, tres asaltos y dos abordajes. Además de cinco reportes de eventos en el área de plataformas y buques particulares en la jurisdicción de la misma zona naval, de los cuales cuatro fueron avistamientos y uno fue asalto.

Fuentes que participan en tales operativos me refirieron que quienes sustraen los equipos necesariamente tienen relaciones de complicidad con los trabajadores de la petrolera. Tal acusación ya se había planteado en investigaciones anteriores que sobre este tema he hecho a lo largo de varios años para diversos medios.

Los robos ocurren en similar *modus operandi*, de manera hormiga, pero también con la irrupción de personas armadas.

En junio de 2022 ocurrió el robo a las plataformas Teekit-A, Cheek-A, Esah-A-, Chuc-B, algunos de cuyos equipos estaban recién instalados.

"Reformistas" de élite

En México, cuando los funcionarios impulsores del neoliberalismo hablaban de reducir la estructura del gobierno obeso, sus eufemismos para privatizar los bienes públicos de ninguna manera consideraban renunciar a privilegiados sueldos y exorbitantes canonjías que fueron adicionando.

Así que, mientras se privatizaba buena parte del patrimonio público, se mantuvo un andamiaje de cargos de la administración pública en cuyos altos escalafones desde el presidente de la República hasta secretarios de Estado, subsecretarios y directores siguieron siendo beneficiarios de muy sustanciosos sueldos y prebendas; lo mismo en los poderes Judicial y Legislativo, así como en los órganos autónomos impulsados por aquellos mismos funcionarios. En conjunto, una burocracia dorada y muy bien pagada, aunque no fuera proporcional su eficiencia.

En consecuencia, una parte considerable de los recursos de las arcas públicas se distribuía en gastos de operación o gasto corriente de aquellas estructuras gubernamentales, tanto a nivel federal como local. Es decir, buena parte de los recursos públicos que recibía el gobierno para sus funciones administrativas se lo gastaba en diversas prebendas que llegaron a incluir hasta el pago de dote matrimonial, de las que se beneficiaron incluso los funcionarios de algunos órganos autónomos.

Lo anterior dio como resultado una administración pública con "servidores" sumamente privilegiados, encargados de administrar las finanzas del país, cuya ciudadanía, en contraste, históricamente ha enfrentado graves rezagos económicos, con lo que siguió ensanchándose la brecha de la desigualdad.

Pongamos un ejemplo, el de los directores del instituto creado para dar cumplimiento a los mandatos constitucionales de que toda familia/trabajador tiene derecho a disfrutar de vivienda digna y decorosa, y de que el Estado, mediante las leyes correspondientes, establecerá los instrumentos para tal objetivo.

Para materializarlo se diseñó un fondo tripartita, al cual se hacen aportaciones, junto con el empleador, para otorgar créditos hipotecarios.

Ese instituto es el Infonavit, fundado en 1972, y su razón de ser debía ponderar el carácter y sentido social. En la práctica, sin embargo, al paso de los años, los funcionarios a su cargo lo fueron convirtiendo en una veta de negocios en la que, entre otras deficiencias, se pasaba por alto que las constructoras hacían viviendas con materiales de ínfima calidad, desprovistas de servicios básicos, y que los créditos que esa institución proporcionaba se convertían en modelos leoninos, no pocas veces denunciado por los derechohabientes. Aunado a que acceder a uno de esos créditos era muy complicado, o estaba sujeto a que el derechohabiente aceptara el *coyotaje* de constructoras y funcionarios.

Aunque su tarea era establecer las estrategias que llevaran al cumplimiento de la obligación del Estado para con los trabajadores respecto al derecho a una vivienda digna, en su operación se privilegiaban los altos sueldos, bonos, gastos de representación y viáticos de sus directivos, muy distintos de la realidad de la mayor parte de la clase trabajadora a la que daban ese "servicio público".

El exceso fue el Plan Especial de Retiro para el director y los directores sectoriales del instituto, aprobado a partir de 2010. Veamos algunos datos concretos:

El director general de este instituto, del año 2001 a 2012, fue Víctor Manuel Borras. Mediante solicitudes de información pregunté al Infonavit las percepciones que se le habrían pagado. Lo correspondiente al periodo de gobierno de Fox —cuando el funcionario inició en el cargo— no se pudo precisar, ya que el sistema de nómina que se usaba en dicho periodo dejó de funcionar a partir de la migración a un nuevo sistema de nómina a finales de 2006, me respondió la Subdirección General de Administración y Recursos Humanos.

Para el sexenio de Felipe Calderón, en que se le mantuvo en el cargo, se le habría hecho depósitos por percepciones netas con montos variables y algunos elevados, sin que se especifique el rubro de cada una de esas percepciones. El detalle de lo que se le habría transferido por catorcena, según información que pude obtener mediante la indagatoria descrita, puede consultarse en el anexo.

A su salida del cargo, ya con las deducciones correspondientes, se le habrían transferido como finiquito percepciones netas por 2 millones 079 mil 751.92 pesos; y como "haber de retiro" 6 millones 983 mil 699.20 pesos; es decir, 9 millones 063 mil 451.12.

En el gobierno siguiente, de Enrique Peña Nieto, aun cuando las finanzas públicas enfrentaban varias dificultades, todos los funcionarios encargados de la administración pública mantuvieron sus altos sueldos, compensaciones y privilegios.

Para el caso del director general de Infonavit, Alejandro Murat, su primer pago depositado el 27 de diciembre de 2012, en percepciones netas fue de 106 mil 557.71 pesos. Pero, al igual que su antecesor, se le habrían hecho depósitos muy elevados, que incluso en 2015 superaron el millón de pesos (sin que en la información proporcionada tampoco se especifique rubro por rubro, sino solo el depósito total). El monto de lo que se le depositó cada catorcena puede verse en el anexo también.

Aunque en la información que me fue proporcionada (por medio de solicitudes vía la Plataforma Nacional de Transparencia) no se especifica el total anual de lo pagado por Infonavit, en una declaración patrimonial para candidatos a cargos de elección popular que Murat presentó en abril de 2016 —a propósito de su candidatura para el gobierno de Oaxaca—, señaló que su remuneración neta anual por cargos públicos, incluyendo sueldos, honorarios, compensaciones, bonos y otras prestaciones, había sido de 7 millones 613 mil 392.36 pesos.

Además, el Infonavit le dio una liquidación también millonaria: 4 millones 947 mil 862.72 en percepciones brutas, que, menos las deducciones, quedaron en 3 millones 620 mil 398.38 pesos. Y otros millones más del denominado Plan Especial de Retiro: 22 millones 762 mil 827.77 en percepciones brutas, y netas, 14 millones 800 mil 026.90. Lo que significa que cuando dejó el Infonavit para irse al gobierno de Oaxaca se le pagaron más de 18 millones de pesos.

Así que ostentar un cargo público y fungir como director del Infonavit era como sacarse la lotería.

David Penchyna Grub, a quien el presidente Peña Nieto propuso para sustituir a Murat, había sido un activo impulsor de sus reformas estructurales desde el Senado, calificándolas como los cambios que darían "rumbo y desarrollo al país".

A partir del 14 de marzo de 2016 se le hicieron depósitos catorcenales como director del Infonavit, con montos variables y en algunos casos, como a sus antecesores, también muy altos. Ello según las cifras recabadas para esta investigación y que igualmente puede cotejarse en el anexo.

Aun cuando su paso por el Infonavit fue relativamente breve, este le redituó también en su finiquito, ya que recibió más de 8 millones de pesos. Se le depositaron 5 millones 867 mil 974.34 pesos como parte del Plan Especial de Retiro (la percepción bruta correspondiente era de 9 millones); y como liquidación, 2 millones 207 mil 701.79 (de una percepción bruta de 3 millones 938 mil 356.21).

No eran las únicas prebendas. El director en turno tenía a su disposición una *caja chica* en su oficina donde diariamente disponía de 20 mil pesos en efectivo para gastos de... lo que se le ocurriera, como camionetas BMW blindadas para sus traslados terrestres, pero si lo prefería, disponía de transporte aéreo a su uso discrecional.

Esa *caja chica* la descubrió Carlos Martínez, designado en diciembre de 2018 para dirigir el Infonavit en el gabinete 2018-2024.

"En esta oficina el director tenía 20 mil pesos diarios en efectivo, solo se rellenaba, si se gastaba mil, le ponían mil, siempre había 20 mil pesos", me dice cuando a propósito de que tuve en mis manos los documentos de las transferencias que se le depositaron a los antecesores como pago (del periodo 2007-2018), y que los montos eran tan variables y algunos muy altos, intenté indagar los rubros de manera más específica.

Al respecto dice que era una manera "absolutamente discrecional" con la que se dirigía al instituto, comenzando, precisamente por los pagos que se le transferían catorcenalmente a los directores generales.

Me habla de su propia revisión al sistema de administración y finanzas del instituto:

—Sacamos del sistema los depósitos a la cuenta clave, que es lo que efectivamente le entró a su cuenta. Por eso en promedio eran 690 mil pesos al mes.

—¿Hay alguna explicación administrativa?

—No la hemos encontrado. Una parte era de bonos; un director tenía dos bonos al año, uno por semestre.

Respecto a la *caja chica*, le pregunto para qué se habría utilizado ese dinero:

—Pues no sé, cada oficina tenía... Me lo dijo una secretaria que ya no está "no es que, ¡qué tal si se mancha el traje y se tiene que comprar otro!", cosas así.

—¿Quiere decir que el director podía pedir para lo que quisiera.

—Ajá, como "qué tal si se mancha la corbata", entonces le compraban... o lo que fuera...

—¿Administrativamente había un rubro?

—No, la verdad es que cuando llegamos muchas cosas no estaban formalmente contabilizadas. También nos encontramos en la tesorería del instituto miles de libras esterlinas, en un cajón. Creo que era... como 15 mil o más. En la tesorería en un cajón, así abrieron un cajón y allí estaban las libras.

—¿Qué más encontraron?

—El tema de los aviones, estábamos llegando y al día siguiente prácticamente nos contacta aquí a mi oficina, el que era el proveedor de las horas de vuelo; o sea, el director tenía comprado como un paquete de horas de vuelo, entonces podía disponer de taxis aéreos para ir a todo el país. Eran horas de vuelo. Eran aviones privados. En el año 2018 se habían gastado 11 millones de pesos en crédito, porque era como un prepago, haz de cuenta que tenías tu tarjeta de prepago de Telcel, tenías como tu amigo de Telcel entonces ibas al aeropuerto y te iban descontando de las tarjetas que tenías. En 2018 habían pagado

11 millones de pesos... Lo que te prometían era confidencialidad...

—¿Sabe desde cuándo se usaba eso?

—No, el que teníamos identificado era el de 2018, porque te digo que llamaron a mi oficina para que fuera a probarlos.

Sería en la primera sesión con el Consejo de Administración, en febrero de 2019 cuando la recién llegada administración (2018-2024) dejó sin efectos el Plan Especial de Retiro, que representaba una sangría millonaria. También se ajustaron los sueldos a lo mandatado en las nuevas disposiciones para la Administración Pública Federal, apegados a la política de austeridad republicana, propuesta por el presidente López Obrador.

Carlos Martínez detalla que también se vendieron las camionetas blindadas que sus antecesores usaban. "Disponían de dos camionetas BMW blindadas, auto escolta, había hasta una ambulancia que seguía al director general cuando salía de gira... cuando llegué se entregó una Suburban blindada que ya habían comprado, blindada de fábrica modelo 2019".

Tales autos fueron puestos a subasta, como hizo el gobierno federal en 2019 con numerosos vehículos de lujo y aeronaves que la administración de Peña había comprado, obviamente con recursos públicos, para goce de sus funcionarios.

4

Beneficiarios de canonjías

Desde la vistosa sala de un *set* de programa de entreteni-
miento, donde el sofá, los cojines, las lámparas, la alfombra
y la mayoría de los objetos a cuadro son de color rosado,
los dos actores, amigos de juventud, hablan desenfadados.
Comparten con su anfitriona anécdotas de aquellos años
de francachela.

Uno de ellos es Jorge van Rankin, apodado *el Burro*. El
otro es Roberto Palazuelos, *el Diamante Negro*, o *Diaman-
tito Negro*, como lo llama la conductora.

Minutos atrás, como parte del *sketch* de apertura,
anunciaba la asistencia de sus invitados en el programa
mediante una supuesta llamada telefónica: "Obviamente
hay *drinks* y toda la cosa, no te preocupes", dice la conductora en tono juguetón a través del teléfono (también
rosado), confirmándole la asistencia de su amigo.

La puesta en escena continúa con un "¿Cómo llegaron?" de la conductora.

Luego de que Palazuelos cuenta que sus Ferraris los tiene en Miami porque "tener Ferraris en este país es una locura", los invitados se ambientan para recibir su *drink*.

El tema del programa, según su conductora, es "los gurús de la fiesta". Por ello habría invitado a Palazuelos, a quien describe como "amo del *jet set*" y "*host* de las fiestas más *top* de la costa", así como a su dupla en programas de televisión y el mundo del espectáculo.

—Yo llegaba con las viejas a casa de Miguel Alemán [Magnani] —cuenta Van Rankin—. Dieciocho años en el poder —reitera.

—Tú 12 nomás —corregiría Palazuelos—. Dieciocho años en el poder, es decir, seis años siendo muy amigo de los hijos del presidente, entrando y saliendo de Los Pinos, pero el Burro 12 nomás…

—Nooo… Federico me invitó a la toma de posesión… estuve con Salinas y luego con Zedillo —agrega.

Hablarían luego de 45 guardaespaldas que supuestamente los acompañaban al Baby'O, junto con los hijos de De la Madrid[1] y de Miguel Alemán Velasco.

---

[1] Uno de los hijos de Miguel de la Madrid, Enrique, sería incorporado por el gabinete calderonista como director general de Financiera Rural; con Peña Nieto como director general de Bancomext y luego secretario de Turismo. En 2023 se promovió como precandidato de la coalición Va por México o Frente Amplio por México como "aspirante", a ser el "responsable para la construcción del Frente Amplio por México", o, dicho sin eufemismos, para la candidatura presidencial de 2024.

BENEFICIARIOS DE CANONJÍAS

"Y luego el Pecas, el Federico, mandaría subir y ponía otros 20 arriba, así con arma larga y la chingada", contaba Palazuelos, en alusión a los miembros del Estado Mayor Presidencial asignados para cuidar a los hijos del aludido presidente.

Entre anécdota y anécdota, Van Rankin cuenta: "Cuando yo anduve con la hija de Salinas, y eso lo digo porque todo mundo lo sabe...". Rememora lo ocurrido luego del asesinato de Luis Donaldo Colosio. Tras concluir su gobierno, Salinas se mudaría a Irlanda.

En el *set*, cómodos, los invitados hablan con confianza y desenfado.

La conductora insiste en las anécdotas, así que Palazuelos cuenta:

Miércoles en Los Pinos, ya se había ido don Miguel, que siempre se iba a su casa en Cuautla, nos dejaban de miércoles a domingo Los Pinos... Había una secretaria abajo que era Lupita, y entonces decíamos: "¿Qué vamos a hacer, Chanfle?". Chanfle era el más chico, Gerardo. "Bueno, pues a ver, pinche Drila. Chécate qué casa hay libre, háblale a Lupita". Entonces le hablaba yo a Lupita: "Lupita, ¿qué casa hay libre de todas las casas de Fonatur en la República?". "Ay, Roberto, otra vez ya se van a ir el fin de semana... es que la última vez en Ixtapa hicieron un desmadrote...". Y yo le decía: "Bueno, ¿cuál está?". Y decía: "Bueno, está la de Ixtapa, Acapulco, la...". A veces era el 003, a veces el

103

004, el TP es transporte presidencial, y entonces arreglábamos todo y decíamos: "Bueno, okey, la de Cancún". Y decía: "Bueno, pero ya no le vayas a cambiar porque ya voy a mandar a la avanzada, mijito". Y se iba toda la avanzada, llegaba un avión del Ejército con todos los militares, montaban todo y el rollo, y ya llegábamos, y allí el desmadre, y luego, ¿sabes cuál era el cotorreo? Llegábamos del Dady, que era allá en Cancún, llegábamos a cotorrear por teléfono a las infantas de España o a Carolina de Mónaco, les hablábamos, allí a cotorrear… Y eran muy buenos tiempos… El Estado Mayor nos decía: "Lo único que está prohibido es que tengan un pomo sobre la mesa, tiene que ser puro copeo".

 Las anécdotas del actor, quien fallidamente intentó ser candidato del partido Movimiento Ciudadano al gobierno de Quintana Roo para el proceso electoral de 2022, se pueden escuchar en internet en los videos del programa descrito.

Tanto él como su amigo, populares figuras de la televisión, eran cercanos a los hijos de quienes, en tiempos de la vida presidencial en Los Pinos, conformaban la burocracia dorada. Estos, según sus dichos, entraban y salían, en las condiciones narradas por ellos mismos, de la residencia oficial que se asignaba al jefe del Ejecutivo.

Más allá de simples anécdotas, es testimonio directo de la vida cotidiana en Los Pinos, habitado por el presidente en turno y su familia, con los usos y costumbres descritos.

La fastuosa propiedad en el corazón de Chapultepec desde 1934 y hasta 2018 funcionó como casa y despacho presidencial.

Si nos atenemos a lo descrito por estos conductores de televisión, los usos y costumbres practicados en Los Pinos evidentemente contradecían la "renovación moral" que había prometido Miguel de la Madrid para su mandato, ante el derroche y abuso de los recursos públicos de sus antecesores. Él mismo había sido también miembro de esa burocracia dorada del gabinete de José López Portillo, cuyo gobierno había trascendido en escándalos por los excesos tanto suyos como de su familia. El planteamiento de la "renovación moral" lo llevaría incluso a propuestas de reformas a diversas leyes relacionadas con los funcionarios, supuestamente para que se castigara el mal manejo de los recursos públicos.

Una de las principales contradicciones había sido su propia campaña, ya que, según una investigación periodística que *El País* publicó en 1982, hasta ese año, había sido "la campaña electoral más dura y costosa que se recuerda", un "derroche faraónico" de 250 días que incluyó el despliegue, por todo el país, de una corte de cinco aviones, 10 helicópteros y decenas de autobuses hasta los puntos más lejanos para que la gente conociera "al candidato".

Detalla el diario que en aquellos lugares a donde el candidato acudía se declaraba día feriado para que todos fueran a vitorearlo. Y, como parte de esa corte, da cuenta

de "más de un centenar de periodistas que le acompaña-
ron por todo el país, con todos los gastos pagados y unos
viáticos de unas 7 mil pesetas diarias".

Una vez procesado el trámite en el que el candidato
oficial obtuvo los votos necesarios, ya en Los Pinos el costo del modelo presidencial incluía, además de los altos
sueldos, beneficios de muy diversa índole, por ejemplo, el
uso discrecional de las aeronaves, el llamado TP (Transporte Presidencial), casas de descanso en zonas de playa
con menaje e insumos bien abastecidos y onerosos, viajes
dentro y fuera del país, etcétera.

La palaciega vida en Los Pinos disponía asimismo de
recursos públicos para el guardarropa de *haute couture*
para la familia presidencial.

Se trataba de una partida presupuestal especial llamada "Gastos inherentes a la investidura presidencial", con
la cual se ataviaba a todo lujo a las consortes; y a cuenta de
esta se cubrían los gastos del presidente, su cónyuge y sus
"invitados especiales" para los eventos oficiales en los
que participara la pareja presidencial. A todos se les pa-
gaban traslados, alimentos y hospedajes en el país o en el
extranjero.

Esta se integraba en la partida presupuestal 3800 Servicios Oficiales. También incluía "asignaciones destinadas
a cubrir las erogaciones que se originen con motivo de las
funciones oficiales en eventos nacionales y en el exterior".
Contemplaba "los gastos del titular del Ejecutivo federal

y su cónyuge por concepto de traslado, alimentos y hospedaje, así como [los] de invitados especiales que por la naturaleza de sus actividades particulares sean requeridos para asistir a los eventos oficiales en los que participen el presidente y/o su cónyuge".

Años más tarde, el uso discrecional de estos recursos en la pareja presidencial de Vicente Fox y Marta Sahagún, así como la fuerte crítica hecha al respecto en el Congreso durante ese periodo, dio como resultado que en 2006 tal partida presupuestal fuese oficialmente derogada.

En aquel gobierno también fue notorio el uso de recursos para la consorte del presidente, a través de toda una "Oficina de Apoyo a la Esposa del Presidente", aun cuando en la estructura gubernamental la esposa no ostentaba cargo público alguno, por lo que no podía justificarse; sin embargo, se la dejó operar como tal.

Aunque oficialmente la partida presupuestal para el ajuar y los gastos convidados a discreción fue derogada, los gastos superfluos y las invitaciones a cuenta del presupuesto de la Oficina de la Presidencia continuarían: en administraciones como la de Peña Nieto, por ejemplo, hasta el maquillista y los amigos de la farándula viajaban en el avión presidencial.

De aquellos viajes quedaron imágenes como la del actor Eduardo Verástegui con copa de vino en la mano en el fastuoso palacio flotante.

Aquel estilo de viajar de los presidentes, con enormes comitivas, incluidos esposa e hijos, cortes y corifeos, era de larga costumbre. Desde López Portillo, primer viajero a Europa, cuyos traslados eran cubiertos y anunciados por la prensa con bombo y platillo: cada viaje era tan ostentoso que incluso la esposa alguna vez llevó piano y orquesta. Hasta Peña Nieto, viajero frecuente y VIP, quien contabilizó 83 viajes al extranjero a todo lujo: Nueva York, Bali, París, Marsella, San Petersburgo, Davos, Irlanda y muchas otras ciudades de Europa, Asia, Oriente Medio y un largo etcétera con cargo al erario.

Viajes por demás fastuosos que en el peñato generalmente incluyeron, además de una extensa comitiva de funcionarios y ayudantes, a su esposa y los seis hijos de ambos, más el séquito de amigos a los que también se les cubría el hospedaje y alimentación *premiere*, deseosos de mostrarse en fotografías a bordo del avión presidencial, con cargo, de nuevo, al erario.

Tales comitivas llegaron a incluir hasta 400 personas en el caso de un viaje a Francia en el año 2015, junto con elementos de las Fuerzas Armadas, según reportó la prensa en su momento, y más de 140 a Gran Bretaña.

En 2016 los periodistas Rafael Cabrera e Irving Huerta, de la Unidad de Investigaciones Especiales de *Aristegui Noticias*, lograron obtener las listas de pasajeros de las giras presidenciales desde enero de 2013, hasta abril de ese 2016, y evidenciaron que al menos 12 familiares y amigos de Peña Nieto y Angélica Rivera habían viajado en el avión presidencial, "aunque no tenían actividades oficiales en las giras presidenciales".

Además de los documentos, publicaron imágenes inéditas de quienes viajaban en el TP01: "*Aristegui Noticias* recibió, por correo electrónico, fotografías adicionales que no eran públicas hasta hoy. En una de ellas se ve al actor Verástegui tomando una copa en el avión presidencial y, en otra más, sentado en el lugar designado para el presidente de la República, diferenciado de los demás asientos con una tela de color verde y el escudo nacional bordado", cita el trabajo de los periodistas.

LOS COSTOSOS PINOS

Las estructuras al servicio del presidente fueron creciendo a capricho de quien ocupaba Los Pinos. Pero, aun cuando se decía que las reorganizaciones respondían a una mayor eficiencia, lo cierto es que dieron lugar a una burocracia cada vez más costosa.

Por ejemplo, la Oficina de Coordinación de la Presidencia de la República de Salinas de Gortari, con Fox denominada Oficina Ejecutiva de la Presidencia de la República, contaba con ocho áreas.[2]

---

[2] Oficina de la Presidencia para la Innovación Gubernamental, Oficina de la Presidencia para las Políticas Públicas, Coordinación General de

Los gobiernos panistas no solo no acabaron con los privilegios que diseñaron sus antecesores del PRI, sino que, en el caso de Fox, aplicó un ostentoso estilo de gobernar que pasó del titular del Ejecutivo a un cogobierno que operaba junto con la otrora designada jefa de Comunicación Social, Marta Sahagún, convertida en primera dama en julio de 2001; la nómina gubernamental llevada a los aposentos privados.

Esta pareja presidencial tenía como hábito la ornamentación costosa y superflua, traducido en remodelaciones cuyo derroche fue ampliamente documentado.

Notoriamente, también la pareja pretendía una transferencia de poder entre ellos, impulsada desde Los Pinos. Aunque sus pretensiones no fructificaron, durante el sexenio la primera dama cogobernó, e incluso en diversos sectores ejerció mayor poder que el presidente.

En su administración, Felipe Calderón emitió un acuerdo para reorganizar la Oficina de la Presidencia, con tareas para fungir como secretaria o secretario particular; dar asesoría, seguimiento a los acuerdos presidenciales y órdenes para su gabinete; diseñarle la agenda y calendario de giras, coordinarlas con el Estado Mayor Presidencial y asistirlo en actos públicos, tanto en el país como en el extranjero; apoyarlo en la elaboración de sus discursos y

---

Imagen y Opinión Pública, Coordinación General de Administración, Coordinación General de Comunicación Social, Secretaría Particular, Estado Mayor Presidencial y Órgano Interno de Control.

mensajes públicos, y coordinar su área de comunicación social, entre otras.

Eran años de dificultades económicas para el país, en parte derivadas de la recesión internacional debido al *crack* financiero hipotecario en Estados Unidos, y luego los efectos de la pandemia de influenza AH1N1. No obstante, la Oficina de la Presidencia mantuvo un estilo de operación similar a los gobiernos anteriores.

En el gobierno de Enrique Peña Nieto, los nuevos descalabros económicos agravados por el desplome de los precios internacionales de petróleo dieron pie a una narrativa oficial de que se aplicaría una estrategia de consolidación fiscal, que supuestamente contemplaba el fortalecimiento de los ingresos públicos, la moderación en el ritmo de crecimiento de la deuda pública (para ese momento, en 2015, representaba ya 44.6% del PIB) y, sobre todo —se decía— la contención del gasto. La realidad fue que en Los Pinos se siguió gastando a lo grande.

La instrucción de apretarse el cinturón no aplicaba ni para el presidente ni para su familia, tampoco para los altos escalafones en su gabinete, y, por el contrario, fue una de las presidencias más costosas en la historia de México. Veámoslo en términos numéricos:

En 2013, la Oficina de la Presidencia de Peña tuvo un presupuesto de 2 mil 104.5 millones de pesos; en 2014, aumentó a 2 mil 200.5 millones de pesos; para 2015 aumentó todavía más: 2 mil 296.2 millones de pesos.

Entre 2016 y 2017 la situación económica del país se tornó aún más complicada y se prometió la contención en el gasto público; sin embargo, la reducción presupuestal en la Oficina de la Presidencia fue poco significativa: 1 mil 922.6 millones de pesos para 2016 y 1 mil 819.6 millones para 2017; para 2018 se asignaron 1 mil 797.4 millones de pesos. Pero, además, se incurrió en un sobreejercicio, es decir, se gastó más de lo asignado en el presupuesto original, como se detalla a continuación:

En 2015, como se dijo, se le autorizaron 2 mil 296.2 millones de pesos, pero, según cifras registradas en los informes oficiales de la Cuenta Pública de 2015, la Oficina de la Presidencia tuvo una modificación neta de 1 mil 264.3 millones de pesos; y su monto devengado fue de 3 mil 560.5 millones de pesos.

Para 2016 la Oficina de la Presidencia tuvo un presupuesto original de 1 mil 922.6 millones de pesos, pero con las ampliaciones y modificaciones netas terminó gastando 3 mil 550.4 millones de pesos.

En 2017, tuvo un presupuesto originalmente asignado de 1 mil 819.5 millones de pesos; pero, mediante modificaciones diversas, devengó 3 mil 654.4 millones de pesos.

En 2018 la Presidencia tuvo autorizado un presupuesto de 1 mil 797.4 millones de pesos, pero luego tuvo ampliaciones presupuestales por más del doble (1 mil 884.6 millones de pesos), lo que dio como resultado un presupuesto modificado por 3 mil 682 millones de pesos.

Sin cuestionamiento alguno, las elevadas ampliaciones presupuestales recibieron el aval de la Secretaría de Hacienda y Crédito Público (SHCP), cuyos movimientos hasta ahora no han sido suficientemente clarificados.

El titular de la Unidad de Política y Control Presupuestario de esta secretaría, Alfonso Isaac Gamboa, había trabajado con Peña en el gobierno del Estado de México. Como alto funcionario de Hacienda, se lo vinculó con la Operación Safiro: el presunto desvío de millonarios recursos a varias entidades con el fin de financiar campañas políticas. En mayo de 2020 Gamboa fue asesinado.

En su conjunto, la estadía de Peña Nieto en Los Pinos en términos presupuestales se convirtió en la más costosa.

No obstante, los crecientes escándalos de corrupción, sucesos tan graves como la desaparición de los 43 jóvenes normalistas de Ayotzinapa en 2014 (a la que se le intentó dar "carpetazo" con la mal llamada "verdad histórica", enunciada así por el entonces procurador Jesús Murillo Karam), la abrupta caída en su popularidad y el creciente reclamo en el país y a nivel internacional, Peña y su familia en Los Pinos mantuvieron su parafernalia y superficialidades.

Los días se acompañaban de vastos alimentos y costosas bebidas, comprados, obviamente, con dinero público; criterio extensivo a otras áreas de la administración gubernamental, donde se hacían compras que nada tenían que ver con las funciones esenciales de esas dependencias.

Hago un paréntesis para citar por ejemplo el caso de Pemex, dependencia en la cual, incluso en las peores etapas de crisis y de endeudamiento récord que tuvo durante el peñanietismo, desde el suntuoso comedor ejecutivo,[3] o hasta las gerencias para funcionarios de menor nivel, no se escatimaba en bebidas alcohólicas con dinero del presupuesto. Botón de muestra las compras que hizo la Gerencia de Logística y Servicios:

Mediante el contrato 4200130561, el 20 de agosto de 2014, se compraron botellas de vino tinto por 192 mil 618 pesos, y mediante el contrato 4200130562, se compraron 86 mil 893.36 pesos en botellas de tequila. Dos días después, mediante el contrato 4200130564, se compraron botellas de whisky por 34 mil 552.74 pesos.

El 1 de septiembre de 2015, mediante el contrato 4200131888, se compraron botellas de vino por 104 mil 235.76; el 2 de septiembre, mediante el contrato 4200131892, se compraron botellas de vino por 295 mil 200 pesos; el 2 de diciembre de 2016, se compraron botellas de whisky por 441 mil 234 pesos.

La misma tendencia que se seguía desde administraciones anteriores. Por ejemplo, en septiembre de 2012, mediante el contrato 4200124167, Pemex había pagado 90 mil 783.90 pesos por botellas de vino tinto de la región

---

[3] Estos gastos los detallé en *Pemex RIP* (Grijalbo).

de Valle de Guadalupe, crianza de 14 meses en barrica de roble y siete meses en botella, producido en 2009.

En tanto, la estructura orgánica de la Presidencia fue destinataria de millones de recursos públicos transferidos desde las arcas de Hacienda, divididos oficialmente en los siguientes rubros: "Servicios personales", "Materiales y suministros", "Servicios generales", "Transferencias", "Asignaciones adicionales al sueldo" (ayuda de despensa, ayuda de servicios, compensación "por desarrollo y capacitación", ayuda de transporte, seguro de retiro), "Subsidios y otras ayudas" y "Bienes muebles, inmuebles e intangibles".

El dinero público en Los Pinos oficialmente se gastaba, además, en sueldos, remuneraciones, aguinaldos y gratificaciones, prestaciones, compensaciones, asignaciones adicionales al sueldo, pagos extraordinarios "por riesgo" de los servidores públicos; también en combustible para los vehículos terrestres, aéreos, marítimos; vestuario, uniformes, servicios de lavandería, limpieza e higiene; pasajes aéreos, viáticos, equipo médico, instrumental médico, equipo de seguridad, alimentos, telefonía, entre otros.

Las partidas presupuestales de los gastos en Los Pinos se iban aumentando considerablemente. Veamos el ejemplo con el presupuesto para el año 2017, que, como mencioné, de 1 mil 819.6 millones de pesos originalmente aprobados, y mediante "adecuaciones presupuestales" se modificó a 3 mil 654.4 millones.

De las partidas presupuestales concretas, de su aprobación original se "adecuaron" considerable y particularmente aquellas relacionadas con el gasto corriente. Por
ejemplo, "alimentos y utensilios", de tener una asignación
originalmente establecida en 10.90 millones, se modificó
a 90.13 millones; la de combustibles: de 9.4 millones subió a
112.3 millones; los viáticos y traslados: de 14.1 millones
subió a 63.04 millones; los servicios "oficiales": de 4.5 millones subió a 23.4 millones; los "otros servicios generales", subió de 44.2 millones a 76.29 millones; los "materiales y artículos de construcción y de reparación", subió
de 970 mil pesos a 25.7 millones; la asignación para herramientas y refacciones, de un presupuesto original de 3.4
millones se incrementó a 90.71 millones.

La asignación presupuestal de remuneraciones al personal transitorio, originalmente autorizada por 29.09
millones, se incrementó a 406.41 millones. La asignación
autorizada para productos farmacéuticos y químicos, originalmente de 636 mil pesos, aumentó a 28.8 millones. La
partida presupuestal para vestuario y uniformes, de una
asignación presupuestal original de 1.41 millones, se elevó
a 28.04 millones. La partida para servicios de "reparación,
mantenimiento y conservación", originalmente asignada
por 43.91 millones, aumentó a 365.31 millones.

Se destinaban también cuantiosos recursos para la
pensión de autos y el estacionamiento de servidores pú-

blicos en inmuebles fuera de Los Pinos las 24 horas los 365 días del año.

Había inconsistencias en los gastos más cotidianos, tales como pagos en exceso "por debilidades en la administración" de los servicios de impresión y digitalización, según detectó la contraloría interna de la Oficina de la Presidencia y según información obtenida para esta investigación vía la Plataforma Nacional de Transparencia. Existía la misma deficiencia en el arrendamiento de equipo de cómputo y en los servicios de telefonía celular contratados.

Además, en la nómina había personas que al mismo tiempo estaban contratadas en el sector privado, y cuyas labores en Presidencia no pudieron ser acreditadas cuando en su momento la ASF auditó este rubro correspondiente al gobierno de Peña Nieto. Lo mismo ocurrió con el personal supuestamente asignado en otras áreas de Presidencia: había personal formalmente contratado "por honorarios", que supuestamente desempeñaba servicios en "comisiones especiales" vinculadas a actividades del presidente; también de los expresidentes y otras personas allegadas a estos. Había supuestos servicios que implicaban gastos, pero no se comprobaron cabalmente.

La ASF dice en su dictamen sobre la revisión de la Cuenta Pública 2018, que fue la última del gabinete de Peña en Los Pinos:

La Auditoría Superior de la Federación emite la Promoción de Responsabilidad Administrativa Sancionatoria para que el Órgano Interno de Control en la Presidencia de la República o su equivalente realice las investigaciones pertinentes y, en su caso, inicie el procedimiento administrativo correspondiente por las irregularidades de los servidores públicos que, en su gestión, efectuaron pagos al personal contratado bajo el régimen de honorarios sin que este hubiera presentado la documentación con la que se acreditara la prestación de sus servicios a la Presidencia de la República.

Históricamente en Los Pinos las fastuosas recepciones y festejos privados se amenizaban con caprichos de toda índole, incluido el uso de los militares del Estado Mayor Presidencial como su servidumbre personal. Así, los miembros de este cuerpo estaban encargados de abrir paso y seguir por las plazuelas de Europa a la vacacionante actriz cónyuge del presidente y sus hijos. Y hasta organizaban la francachela y hacían de choferes y servidumbre de los juniors enfiestados al exceso.

Los Pinos fueron el edén para la superficialidad de toda índole. El dinero gastado por la Coordinación General de Transportes Aéreos Presidenciales era de lo más costoso. Como ejemplo, en el presupuesto de 2017, aunque tenía asignados originalmente 290.95 millones, lo que mediante modificaciones devengó, según las cuentas ante Hacienda, se terminaron gastando 1 mil 059.86 millones. Destacaban los onerosos gastos cotidianos para abastecer los insumos del "palacio flotante", el avión presidencial, parte de los cuales también a cuenta de la partida presupuestal asignada al Estado Mayor Presidencial.

El Estado Mayor Presidencial estaba conformado por efectivos de las Fuerzas Armadas, administrativamente comisionados a este, adscritos a la Oficina de la Presidencia de la República.

Su estructura orgánica estaba conformada por una jefatura del Estado Mayor Presidencial, coordinación de asesores con su secretaría particular; una subjefatura operativa, y bajo su mando siete secciones, con su correspondiente coordinación de Seguridad; una subjefatura administrativa con sus correspondientes áreas de índole diversa; luego una contraloría y ayudantía general; la coordinación general de Transportes Aéreos Presidenciales; y una ayudantía del presidente de la República.

En norma destinado a la custodia de presidentes y expresidentes. Es decir, un ejército a uso discrecional del mandatario en turno, quien disponía de este a su libre albedrío y según el perfil del jefe del Ejecutivo. De manera que, con el tiempo se fue desvirtuando en un brazo usado para la represión civil, o sus miembros fueron sencillamente empleados como servidumbre de los inquilinos en Los Pinos y como "cuidaebrios".

Ese ejército personal al servicio del presidente y su familia, cual guardia pretoriana, contaba también con los privilegios que se daban en Los Pinos.

Este cuerpo consumía una considerable parte del presupuesto público, el cual también podía irse incrementando respecto de lo originalmente autorizado mediante ampliaciones presupuestales. Por ejemplo, también para el año 2017, originalmente se le había autorizado una asignación presupuestal de 409.75 millones de pesos, pero habría devengado 908.27 millones, de acuerdo con la información de la Cuenta Pública.

Los recursos de las partidas presupuestales asignadas al Estado Mayor Presidencial tenían un manejo discrecional. Por ejemplo, en la adquisición del combustible para la flota terrestre y aérea, en los viáticos y boletos de avión para viajes nacionales o internacionales, en la compra de uniformes para los jefes a montos más elevados de lo autorizado o en el pago de uniformes y calzado que no se entregaban.

Había asignaciones de combustible para los vehículos operados por el Estado Mayor Presidencial, pero entre esa flota se metían vehículos que no estaban registrados en el inventario de bienes de la Presidencia de la República o que tampoco eran propiedad de otras dependencias puestos a disposición del Estado Mayor Presidencial: eran vehículos privados. La "transa" también se hacía con las tarjetas plásticas electrónicas y con vales de papel mediante los cuales se operaba el suministro de combustible.

El Estado Mayor, con cargo al erario, pagaba también el arrendamiento de inmuebles, servicios de agua, electricidad, gas y TV de paga a personal que brindaba protección y seguridad a funcionarios "y personalidades".

Todo esto aunado a que las compras de refacciones, accesorios y vestuario se convirtieron en un festín de uso discrecional de los recursos.

Históricamente el Estado Mayor Presidencial, que tenía a su mando el Cuerpo de Guardias Presidenciales y el 24 Batallón de Infantería de Marina de Guardias Presidenciales, se manejó con un nivel de discrecionalidad, incluso en cuanto al número de elementos que lo conformaban, amparado en el argumento de la seguridad. También se mantenía la secrecía en cuanto al número asignado a la seguridad de los expresidentes.

Por ejemplo, en respuesta a preguntas que realizó un solicitante, mediante la Plataforma Nacional de Transparencia, respecto al personal que prestaba servicios de seguridad y logística, por parte del Estado Mayor Presidencial al expresidente Felipe Calderón, únicamente se informó que era personal con grados que oscilaban de cabo a coronel del Ejército y sus equivalentes en la Armada de México, así como policías federales y civiles.

Del personal civil se trataba de una planilla de una veintena de "apoyo".

Es decir, que además de su sueldo como expresidente con su correspondiente aguinaldo, su seguro de vida, su

121

seguro de gastos médicos mayores, los elementos del Estado Mayor Presidencia a su servicio, los expresidentes tenían también a personal civil, como "apoyo", todo pagado con recursos del erario.

La polémica partida secreta

El exceso del manejo discrecional de los recursos públicos desde la Presidencia lo representaba de manera paradigmática la llamada "partida secreta", que administrativamente se definía como "erogaciones contingentes" o "erogaciones extraordinarias".

Se trataba de dinero público del que podía echar mano el jefe del Ejecutivo supuestamente para gastos eventuales y extraordinarios. Se volvió, sin embargo, la mayor fuente de recursos discrecionales de la Presidencia. Una caja de larga data en la historia mexicana.

Desde la Constitución de 1917, en el artículo 74, se estipuló la posibilidad de que el Ejecutivo pudiera tener una asignación presupuestal "especial". Pero la ambigüedad dio pie al manejo discrecional de esos recursos.

En una modificación que en 1977 se hizo a ese artículo se decretó: "No podrá haber otras partidas secretas, fuera de las que se consideren necesarias con ese carácter, en el mismo presupuesto; las que emplearán los secretarios por acuerdo escrito del presidente de la República".

Por esos usos y costumbres del presidente, como una figura a la que no se le exigía rendición de cuentas, no se explicaba en qué se empleaba ese dinero. Simplemente para disimular el uso se introdujo el concepto de "gastos eventuales y extraordinarios".

Algunas cifras registradas en una de las iniciativas para reformar el artículo 74 de la Constitución, presentada por el entonces diputado Pablo Gómez, señalan que en el gobierno de Miguel Alemán este tipo de erogaciones adicionales alcanzó, hacia 1952, 6.5% del gasto total; en el de Adolfo Ruiz Cortines, 12.5%; en el de Adolfo López Mateos, 16% del gasto gubernamental; y en el de Luis Echeverría subió a 24.36 por ciento.

El mismo documento presentado en el Legislativo indica que en el gobierno de López Portillo, en 1982, la partida secreta fue de 56 millones de dólares.[4]

La partida secreta parecía un tema tabú. Eventualmente algunos legisladores lo aludían proponiendo su eliminación, ya que, por ejemplo, según los argumentos expuestos en el Legislativo, tan solo entre 1983 y 1995, en la popularmente llamada "partida secreta" se ejercieron 26 mil 500 millones de pesos, cuyo destino se desconoce.

Sería hasta el año 2021 cuando la propuesta de eliminación tuvo eco y finalmente pudo concretarse.

---

[4] Estas cifras, según refiere el documento, fueron tomadas del libro de Pablo Gómez, *Los gastos secretos del presidente*, México, Grijalbo, 1996.

BAJAS HORMIGA

El manejo de activos en Los Pinos era discrecional. Año con año y sexenio tras sexenio, incontables activos, bienes muebles y objetos de lo más variopintos, se daban de baja al libre albedrío de los encargados de su administración.

¿Cuánto del patrimonio que estaba bajo resguardo del Ejecutivo en esas instalaciones que hacían de despacho oficial y residencia del Presidente y su familia acabó en manos privadas? ¿Cuánto entre remodelación y remodelación a capricho de las *primeras damas*?

Al paso del tiempo, entre sexenio y sexenio, en que fueron frecuentes también las "desincorporaciones" o "bajas" en las modalidades ya descritas, es imposible precisarlo.

Al respecto, para la investigación de este libro, mediante solicitudes de información vía la Plataforma Nacional de Transparencia, pude ver inventarios de bajas de bienes muebles durante la administración de Peña Nieto en Los Pinos.

Para mayor especificidad: armarios, credenzas, escritorios, estaciones de trabajo, gabinetes, calentadores de agua, planchas eléctricas, sistemas de aire acondicionado, libreros, archiveros, sillones ejecutivos, percheros, mesas, parrillas eléctricas, biombos, televisores, cámaras, impresoras, lámparas, bancos, cafeteras, colchones, refrigeradores, armamento, herramientas, ambulancias y otros vehículos, equipos de radiocomunicación… y un largo etcétera de mobiliario y equipos de toda índole se dieron de baja en esos años en las modalidades de enajenación o bajas.

En diciembre de 2018, la Oficina de la Presidencia del entrante gobierno, la Secretaría de Cultura y la Secretaría de la Función Pública emitieron un comunicado que señalaba:

1. Que los inmuebles que correspondieron a la residencia oficial de Los Pinos fueron entregados el 1 de diciembre a las 00:00 horas.

2. Que previo a esa fecha, integrantes de los equipos de transición de la Oficina de la Presidencia y la Secretaría de Cultura hicieron tres recorridos. Fueron acompañados por un notario público en dos ocasiones.

3. Que en esos recorridos, visualmente, se detectó la ausencia total de muebles y artículos que comprenderían el menaje de la planta alta de la casa "Miguel Alemán" y las cabañas 1 y 2; a excepción de algunos libreros empotrados, una sala y un comedor en la planta baja de la casa "Miguel Alemán", mobiliario de oficina y salas de gabinete.

4. Que la relación está siendo revisada por la Oficina de la Presidencia de México en virtud de que es la entidad que legalmente recibió el inmueble. Que, posteriormente, especialistas ayudarán a detectar

piezas de alto valor histórico o artístico que podrían dar cuenta de su ubicación en sedes o recintos museográficos y otros espacios...

Y DESPUÉS DE LOS PINOS

En una de sus definiciones, "canonjía" significa empleo de poco trabajo y bastante provecho, y tal cual fue como los altos funcionarios de la administración pública en México detentaban su cargo.

Una casta dorada en cuya cúspide se ubicaban los presidentes de la República, beneficiarios de canonjías más allá de sus seis años de funciones.

Los presidentes, una vez dejado el cargo, recibían como pensión vitalicia el equivalente al sueldo asignado a un puesto de referencia de secretario de Estado de grado GA nivel 1. En el anexo de este libro se pueden ver los recibos de algunos de estos pagos. Así, los expresidentes que cobraron ese "sueldo como expresidente" recibieron pagos durante más años en esa condición que los años que estuvieron en funciones, además de contar con diversos seguros privados tanto para ellos como para sus familiares. Al fallecimiento del presidente, su cónyuge sería beneficiaria de por vida, y también los hijos hasta su mayoría de edad, de prebendas oficializadas en 1987, bajo el gobierno de Miguel de la Madrid.

Tales prerrogativas se sumaban a las que había emitido el gobierno de Luis Echeverría (1970-1976), de asignar a los expresidentes, para su servicio personal, a militares y civiles pagados también con recursos del erario.

El 25 de noviembre de 1976, unos días antes de que su administración finalizara, Echeverría formalizó el acuerdo presidencial 7637, en el que se estableció asignar a cada expresidente para su cuidado a 78 miembros de las Fuerzas Armadas (del Ejército, Fuerza Aérea y Armada de México), prebenda de la que él mismo se beneficiaría.

En cuanto a los beneficios para los expresidentes, también fueron creciendo por mandato de los presidentes privatizadores del patrimonio público.

Así, por ejemplo, el 31 de marzo de 1987, De la Madrid emitió el acuerdo 2763-bis, que precisamente estableció agregar a los expresidentes a manera de pensión vitalicia ese sueldo como expresidente, además de un mayor número de personal —militar y civil— del que Echeverría había asignado.

En esos tiempos un conjunto de 164 empleados —entre personal civil y militar— era el que estaba a las órdenes de los expresidentes. Eran parte de su "servicio" pagado con dinero público desde la Presidencia.

El argumento para que se les asignara la pensión vitalicia era que su servicio al país debía ser retribuido; aunque no se planteaba, por cierto, someter su trabajo desempeñado a escrutinio alguno por parte de la ciudadanía.

Al salir de Los Pinos, aparecían poseedores de un patrimonio que difícilmente podría justificarse con las percepciones por su sueldo en sus cargos públicos, inclusive sumándole todas las prerrogativas.

Por ejemplo, el citado Luis Echeverría, cuyo nombre y apellido se relaciona con numerosos inmuebles, hoteles, terrenos, mansiones y activos, tantos que requirió formar diversas inmobiliarias para su administración. A partir de sus cargos en el servicio público y en años posteriores, Echeverría gozó de una fortuna de cuyo origen nunca se le exigió rendir cuentas. Tuvo por décadas su pensión como expresidente, así como a los miembros del Estado Mayor Presidencial a su servicio.

Murió en julio de 2022, a los 100 años, con un patrimonio incuantificable e inexplicable. En contraste, dejó un legado de represión e impunidad tras su paso por la función pública, con episodios tan graves como la masacre de 1968 (como secretario de Gobernación), calificada por organismos internacionales como genocidio; al igual que el crimen de Estado de junio de 1971, el llamado Halconazo, y la política terrorista aplicada mediante el grupo paramilitar Brigada Blanca.

Su historia muestra claramente el uso y beneficio del servicio público para un enriquecimiento personal heredable para muchas generaciones de su estirpe.

También se puede mencionar a Vicente Fox, el primer presidente emanado de las filas del PAN. Había incursionado en la función pública primero como legislador local, luego como gobernador de Guanajuato (1995-1999), ya desde entonces en condición de empresario... con dificultades económicas. Durante los años posteriores a Los Pinos apareció como propietario, copropietario o socio de numerosas empresas, igual que su esposa, otrora copropietaria de una modesta veterinaria en Celaya, y junto con ellos los hijos de cada uno convertidos en empresarios.

El primer gobierno de la alternancia en México había generado altísimas expectativas, sobre todo porque se creyó que sería el fin del modelo de regímenes corruptos impuesto por el PRI. Pero acabaría en un profundo fracaso en todos sentidos, excepto para el presidente y la bonanza económica que lo acompañaría en adelante.

Su sexenio se caracterizó por los hijos e hijastros haciéndola de gestores para contratistas gubernamentales. También se asociaron con empresarios que desde la estructura gubernamental recibieron diversos beneficios.

A la sombra de Los Pinos se fue diseñando el entramado que llevaría a los Fox a su dorada jubilación en Guanajuato.

Llegado al cargo, apenas se decía poseedor de un terreno con valor de 22 mil 300 pesos adquirido en 1995; otro con valor de 311 mil pesos adquirido en 1999; sin vehículos a su nombre, y accionista de empresas como Congelados Don José y Botas Fox (con dificultades económicas).

Pero muy pronto, para agosto de 2001, ya había comprado una casa por 2 millones de pesos de contado.

En su última declaración patrimonial, presentada en enero de 2007, unos meses después de concluido su cargo como presidente, Fox declaró ingresos mensuales netos por 220 mil 826 pesos (139 mil 497 por cargo público y 81 mil 329 por actividad financiera). Se declaró propietario de tres casas (una de estas en obra) y tres terrenos que en conjunto superaban los 5 millones de pesos (5 millones 843 mil 528). En dicha declaración, como en la primera que presentó al asumir el cargo, tampoco proporcionó información de vehículos a su nombre.

Poco después se abrió el Centro Fox, un complejo para eventos nacionales e internacionales, con un "San Cristóbal Center" y la Hacienda San Cristóbal, habilitada con lujosas habitaciones, *spa* y restaurante que se anuncia con comida "de autor".

El centro, con capacidad hasta para 8 mil personas, tiene un museo, una escuela de música y espacios para eventos sociales y empresariales, desde bodas de alcurnia hasta fiestas de todo tipo. A él han llegado personajes tan influyentes como el dalái lama. Imposible es saber si el líder espiritual tenía idea de los pasos y huellas de ese matrimonio que, aquel otoño de 2013, lo guiaba por las calles del Bajío mexicano. Lo cierto es que en su conferencia, que llevó por nombre "Compasión en acción", habló de la importancia de valorar más lo espiritual que lo material.

En tanto, aquel mismo hombre que hacía apenas unos años cruzaba esos terruños en un jeep destartalado ahora se trasladaba al volante de vehículos de lujo.

Al parecer sus negocios estaban en boga, y sumaba a sus ingresos su sueldo como expresidente, el seguro por gastos médicos,[5] y las otras prebendas ya descritas, más ese séquito de servidumbre llamado Estado Mayor, que custodiaba sus propiedades.

Aparecía ya como poseedor, junto con su familia, de inmuebles y numerosas empresas de giros diversos: agropecuarias, agrícolas, de hostelería y alimentos, comercializadoras de bienes muebles y electrónicos; de comercialización, distribución, compra y venta de combustibles; organizadoras de eventos; de asesoría, consultoría y prestación de servicios administrativos, técnicos, de recursos humanos, contables, fiscales, de mercadotecnia, financieros, entre muchas otras.

En tiempos de Enrique Peña Nieto en la presidencia —para quien Fox se había convertido en un impulsor de campaña—, funcionarios de su gobierno de diversas de-

---

[5] La cuantificación de este excesivo privilegio la expuso el expresidente Fox, en una entrevista que habría tenido lugar en el Centro Fox, en julio de 2023, con el periodista Fernando del Collado, cuando se quejó de que a partir de la eliminación de pensiones a expresidente y demás prebendas, él debía pagar su seguro privado. "El seguro de gastos médicos mayores anda, sobre 100 mil pesos mensuales a mi edad el seguro de gastos médicos mayores, y ahora tengo que pagarlo yo", se quejaba, para luego despotricar contra la población que recibe programas sociales.

pendencias eran enviados a "capacitarse" en sus "cursos de liderazgo", igual pagados con recursos públicos.

Veamos un ejemplo con uno de los contratos que Banobras le adjudicó para uno de esos cursos de "liderazgo": en 2013, el contrato se estipuló en 60 mil dólares más IVA, para tres participantes. Es decir, 20 mil dólares por cada uno.

"El programa se divide en cinco fases que están alineadas con el desarrollo de las múltiples inteligencias", dice la documentación que forma parte de ese contrato, que pude obtener. Y entre sus ponentes, junto con otros: Vicente Fox.

Según me confirmó Banobras, fueron cuatro subdirectores y un técnico de esa institución —que forma parte de la banca de desarrollo— a quienes se envió a tomar estos cursos de "liderazgo" al Centro Fox (tres en el año 2013 y dos en 2014). Banobras estaba al mando de Alfredo del Mazo Maza, designado para tal cargo por Enrique Peña, y que ocupó del 6 de diciembre de 2012 al 6 de enero de 2015. Entre los funcionarios enviados a los cursos de "liderazgo" aparece Víctor Rodrigo Curioca, quien en publicaciones periodísticas se le identifica como "el hombre de confianza" de Del Mazo, pero aparece también según publicaciones periodísticas, como uno de quienes habrían firmado convenios de los implicados en la llamada Estafa Maestra.

La administración de Peña además incorporó al menor de los hijastros de Fox, Fernando Bribiesca, a un cargo en la delegación federal de la Secretaría de Educación

Pública (SEP) en Guanajuato, donde en 2015 se lo designó como director general adjunto. El partido Nueva Alianza, de Elba Esther Gordillo, la otrora poderosísima lideresa sindical, ya lo había hecho antes diputado federal (2012-2015); pasó por el Congreso sin notabilidad alguna, aunque sí con los beneficios económicos correspondientes.

Después, como empleado del gobierno de Peña, Bribiesca percibía un sueldo bruto de 131 mil 932.58 pesos mensuales, y neto de 92 mil 314.68 pesos, sobre un salario base de 16 mil 140.73 y una "compensación" de 115 mil 791.85. Más su "ayuda de despensa", seguros, primas vacacionales y de antigüedad, aguinaldo, FOVISSSTE, ISSSTE, SAR y otros estímulos. Otro funcionario más que en sus supuestas declaraciones patrimoniales no aceptó hacer públicos sus datos patrimoniales o sus posibles conflictos de interés.

A las canonjías de la burocracia dorada, se sumaba el hecho de que algunos expresidentes, exsecretarios y exfuncionarios de diversos niveles, después se emplearían con compañías que habían sido beneficiarias de las políticas privatizadoras impulsadas por ellos mismos, de sus modelos de concesiones, o de subsidios o privilegios fiscales, tales como la condonación de impuestos y el perdón fiscal. Estos últimos, fórmulas empleadas por la alta burocracia para favorecer a sus empresarios o consorcios favoritos.

Apenas una aproximación a los montos que la hacienda pública dejaba de recibir debido a dicho mecanismo podemos tenerla gracias a Fundar, una organización no gubernamental que durante cuatro años litigó para que la sociedad mexicana tuviera acceso a esa información, que, sin duda, es de interés público.

Según los datos, solo en el periodo de enero de 2007 a mayo de 2015, la Secretaría de Hacienda canceló créditos fiscales por 572 mil 743 millones de pesos; y el monto de lo condonado ascendió a 274 mil millones de pesos.

En la estructura de privilegios de la burocracia dorada, en orden jerárquico, debajo del inquilino de Los Pinos estaban sus secretarios de Estado.

Hasta con el gabinete de Peña se mantuvieron en la nómina oficial los secretarios con sueldos por arriba de los 2 millones 536 mil 124 pesos anuales, más prestaciones económicas, médicas, prebendas inherentes al puesto, y otros seguros.

Estas prerrogativas, en algunos casos (como en los de los directivos de organismos como el Infonavit) eran completamente desproporcionadas a la realidad económica del país, a los altos niveles de pobreza, de desempleo o subempleo.

Como parte de la austeridad republicana propuesta por el gobierno de López Obrador, la reestructuración de la Administración Pública Federal eliminó las onerosas pensiones que recibían los expresidentes y sus canonjías.

Los Pinos dejó de ser la residencia oficial del presidente y se abrieron sus puertas como recinto cultural.

La Oficina de la Presidencia redujo su gasto en los siguientes términos: para 2019 ejerció un presupuesto de 721 millones de pesos. En 2020 el presupuesto aprobado era de 918 millones, pero se gastaron 523 millones, según los documentos de la Cuenta Pública correspondiente. En 2021 el presupuesto fue de 805 millones de pesos, y se gastaron 514 millones. Para 2022 se aprobaron 833 millones de pesos, de los cuales se gastaron 490 millones; para 2023 se aprobaron 875 millones de pesos, de los cuales el gasto total se cuantificará al término del año.

Para el caso de los funcionarios de mayores niveles se redujeron los altos sueldos, prerrogativas y también parte de las prebendas que se tenían a cuenta del gasto corriente de las dependencias.

Sin embargo, no faltaron los miembros de la burocracia dorada adscritos a diversas áreas que, con una férrea resistencia a perder sus privilegios, se ampararon contra las nuevas disposiciones. Adoradores de los lujos a cuenta del erario.

5

Los amigos *mejicanos*

En la puesta en marcha del modelo de privatización del patrimonio público, de las empresas propiedad del Estado, las del sector eléctrico —Comisión Federal de Electricidad (CFE) y Luz y Fuerza del Centro (LFC)— inicialmente se libraron de su desincorporación y venta. No obstante, su operación cotidiana quedaría sujeta a mecanismos que buscaban su debilitamiento en beneficio de las compañías privadas.

En el caso de LFC, sería Felipe Calderón quien —acorde a su estilo de gobernar— decretaría su extinción, mediante una violenta ocupación policiaca organizada y coordinada por su principal compinche, Genaro García Luna, y sus subalternos.

Para entender la maniobra, hay que ahondar en el contexto histórico que llevó a la nacionalización de este sector, y luego las prácticas neoliberales para su debilitamiento en beneficio de privados:

Era 1960, en el país la electricidad la producían consorcios como la American & Foreign Power Company, The Mexican Light and Power Company y otras empresas privadas, en conjunto con la CFE, paraestatal que Cárdenas había creado, en agosto de 1937, para organizar y dirigir el sistema nacional de generación, transmisión y distribución de energía eléctrica, sin propósito de lucro, sino para proveer a la ciudadanía de este servicio público indispensable.

Pero la CFE aún no alcanzaba a despuntar para electrificar al país, como había anhelado Cárdenas, en parte porque aquellas empresas se negaban a proporcionar el suministro en las zonas más marginadas y remotas. Era tal el rezago que más de la mitad de la población carecía de este.

Desde su despacho, el presidente Adolfo López Mateos (1958-1964) lidiaba con los representantes del Banco Mundial y cabilderos de las empresas extranjeras que por entonces operaban el sector eléctrico, las cuales, aun cuando daban un servicio deficiente, de mala calidad y limitado en las principales zonas urbanas, lo presionaban para que liberara las tarifas y así ellos pudieran aumentarlas tanto como quisieran.

A sus presiones, López Mateos respondería con la decisión de nacionalizar la industria eléctrica, determinación que, junto con la petrolera que Cárdenas había decretado en 1938, se convertiría en una de las iniciativas más importantes tomadas por un jefe del Ejecutivo para privilegiar el interés público. Además, lo hizo en un sector en el cual México tenía enorme potencial por el crecimiento económico, demográfico e industrial.

Así, mediante la adquisición de las compañías privadas, la mexicanización de la industria eléctrica fue anunciada por López Mateos en un poderoso discurso el 27 de septiembre de 1960, desde el balcón principal del Palacio Nacional.

Su mensaje (del que se cita un extracto) quedaría como una de las decisiones más potentes de la defensa de los recursos públicos, con la intención de que estos beneficiaran a la población. Pero también era una premonición de lo que en solo unas décadas ocurriría:

Les devuelvo la energía eléctrica, que es de la exclusiva propiedad de la nación, pero no se confíen porque en años futuros algunos malos mexicanos identificados con las peores causas del país intentarán por medios sutiles entregar de nuevo el petróleo y nuestros recursos a los inversionistas extranjeros.

"Ni un paso atrás" fue la consigna de don Lázaro Cárdenas del Río al nacionalizar nuestro petróleo. Hoy le tocó por fortuna a la energía eléctrica. Pueblo de México, los dispenso de toda obediencia a sus futuros gobernantes que pretendan entregar nuestros recursos energéticos a intereses ajenos a la nación que conformamos.

… En México la Constitución es muy clara: los recursos energéticos y los yacimientos petroleros son a perpetuidad propiedad única y exclusiva del pueblo mexicano. El resto de las especulaciones al respecto son traición a la patria. Industrializar el país no implica una subasta pública de nuestros recursos naturales, ni la entrega indiscriminada del patrimonio de la patria.

Al día siguiente su mensaje apareció con el título de "Carta al pueblo de México" en los principales diarios, que anunciaban esa "victoria de los mexicanos".

La "exclusividad de la nación para la generación, conducción, transformación, distribución y abastecimiento de energía eléctrica que tenga por objeto la prestación del servicio público" se formalizó mediante la adición de un párrafo sexto al artículo 27 constitucional, publicado en el *Diario Oficial de la Federación* el 29 de diciembre de 1960, en el que se estipulaba: "[En materia eléctrica] no se otorgarán concesiones a los particulares y la nación aprovechará los bienes naturales que se requieran para dichos fines".

A partir de la nacionalización, el Estado invertiría cuantiosos recursos para crear la robusta infraestructura que conformaría el Sistema Eléctrico Nacional, con una red de transmisión de punta a punta del país, líneas generales de distribución, plantas centrales de generación (hidroeléctricas, termoeléctricas, de ciclo combinado, carboeléctricas, geotérmicas y una nucleoeléctrica en Laguna Verde), estaciones, subestaciones, edificios administrativos y otros inmuebles patrimonio público para garantizar el suministro de electricidad desde su generación, transformación, distribución y abastecimiento, concebido como una prestación de servicio mediante dos empresas del Estado: la CFE y LFC.

Pero, bajo el esquema neoliberal, a partir de las administraciones de Carlos Salinas y de Ernesto Zedillo, desde presidencia y a través de las dependencias del sector, funcionarios públicos idearían mecanismos tramposos para que, paulatinamente, compañías privadas se fueran apoderando de buena parte de ese sector, beneficiándose además de modalidades diversas de subsidios provenientes de las arcas públicas.

El eléctrico se trata no solo de un sector con potencial altamente económico, sino que, junto con el petrolero, se juzga un asunto de seguridad nacional.

En el caso de México, resulta mucho más claro considerando que su nacionalización se concibió para garantizarle a la ciudadanía el suministro como un derecho básico, más allá de los vaivenes del mercado.

Pese a su importancia, dicho sector fue relegado a un nivel secundario, en un país en el que desde la presidencia se destacaba la importancia del petrolero. Era entendible considerando que Pemex, además de ser la paraestatal que por antonomasia simbolizaba el nacionalismo, también suponía un significativo aporte al producto interno bruto (PIB).

Y aunque tanto la CFE como LFC tenían un presupuesto de operación asignado desde la Federación, y directivos designados desde el Ejecutivo, en condición de servidores públicos, sus actividades no eran suficientemente transparentes.

Lo anterior fue aprovechado por quienes, desde su cargo en la administración pública, sabedores del potencial negocio, idearon mecanismos para que las compañías privadas fueran desplazando a las públicas sin que oficialmente se hablara de una privatización.

Aun cuando las contralorías internas lo alertaban, hubo una permisividad auspiciada desde las altas esferas gubernamentales por el hecho de que no se priorizó la meta de hacer eficientes a las empresas públicas de electricidad.

"Diablitos" presidenciales

En los años noventa se impulsaron modificaciones a las leyes del sector eléctrico arguyendo que se requería inversión privada para su desarrollo. Comenzó al otorgarse 99 permisos para el autoabastecimiento y la producción independiente.

Luego, los gobiernos panistas les facilitarían a los consorcios europeos, estadounidenses, canadienses y de otras nacionalidades su operación. También mediante contrataciones para obras o servicios, para los cuales a su vez se subcontrataban compañías locales, fungiendo como una especie de "coyotaje" de los contratos.

Asimismo, existían los permisos especiales de producción de energía para los otrora clientes de las empresas públicas.

Así pues, hicieron del sector eléctrico una veta para favorecer a los industriales con cuyos intereses comulgaban, ajenos al ideario que había llevado a López Mateos a nacionalizar la industria como vía también de garantizarles a los ciudadanos en cualquier punto del país el suministro de un servicio básico a tarifas accesibles.

Contrario a ese ideario, decidieron, por ejemplo, que los permisos de supuesto "autoabastecimiento" pudieran incluir la figura de "asociados beneficiados", para que un solo permiso otorgado a un productor privado le diera la posibilidad de generar energía eléctrica y venderla a terceros simulando sociedades, pero además distribuida mediante la infraestructura del Estado.

Estos permisos los otorgaba la Comisión Reguladora de Energía (CRE), que en sus orígenes estaba encabezada por Dionisio Pérez-Jácome Friscione (hijo del político del mismo nombre), designado en el cargo desde el 1 de diciembre de 2000 a la llegada del gabinete de Fox, y a quien Calderón posteriormente nombró su coordinador de asesores en la Presidencia, luego subsecretario de Egresos de la SHCP, y más tarde titular de la SCT.

La defensa que los gobiernos panistas hicieron de tales esquemas los llevó incluso a confrontarse con la ASF, ya que esta había comenzado a revisar algunos de los permisos que otorgaba la CRE y había identificado anomalías. En respuesta, el Ejecutivo presentó un recurso ante la Suprema Corte de Justicia de la Nación (SCJN) en contra de la ASF, en el que impugnó su facultad de revisión. Sin entrar al fondo del asunto, la SCJN dictaminó que la ASF se había "excedido en sus facultades", ya que buscaba revisar permisos otorgados por la CRE en diferentes momentos y, según los ministros, la ASF no podía revisar "fuera del ejercicio ya revisado".

Y se dejó crecer el modelo, a pesar de las graves anomalías.

En dichas administraciones se aplicaron también mecanismos para que desde el Estado se subsidiara a esas empresas.

Las operaciones de Felipe Calderón para favorecer a los consorcios del sector eléctrico ocurrieron por lo menos desde su estadía como secretario de Energía (octubre 2003- mayo 2004) durante la presidencia de Fox, junto con su más cercano amigo personal y colaborador, Juan Camilo Mouriño Terrazo. Este joven diputado de padre español y madre mexicana en el Congreso (2000-2003) había encabezado la Comisión de Energía; más tarde fue subsecretario de Política Energética y Desarrollo y luego subsecretario de Electricidad (2004) en la Secretaría de Energía (Sener). Además, junto con su familia, tenía negocios en dicho sector.[1]

Desde entonces buscaban eliminar las restricciones legales que aún les impedían "aprovechar al máximo las figuras de autoabastecimiento y cogeneración", según declaró Mouriño en una entrevista con el periódico *El Universal* en septiembre de 2004.

El favorecimiento de Calderón a los consorcios principalmente españoles le ganaba la simpatía y el apoyo del presidente de España, José María Aznar (1996-2004), y, posteriormente, durante su campaña presidencial y gobierno, los de José Luis Rodríguez Zapatero (2004-2011). En febrero de 2006, en tiempos de campaña electoral para México, Aznar llegó a hacer proselitismo a favor de Calderón.

Ya como presidente, Calderón impulsó reformas a la Constitución para que las compañías privadas incursionaran en negocios más amplios en los sectores energético y eléctrico. Aun cuando formalmente estas no prosperaron, la ordenanza fue ir dejando a las paraestatales más como meras administradoras de contratos. Así, compañías que en su país de origen tenían un imberbe desarrollo, en México consolidaron sus negocios más lucrativos.

---

[1] Para mayor detalle consultar Ana Lilia Pérez, *Camisas azules, manos negras*, México, Grijalbo, 2010.

Parecía un proyecto a largo plazo en el que desde España se veía en la figura de Mouriño a un contratista y a la vez un funcionario del sector energético, el idóneo sucesor de Calderón que favorecería aún más los intereses de empresas españolas.

Aunque la barroca idea de un futuro neovirreinato, que se proyectaba con Mouriño, acabaría por desplomarse, las compañías del país europeo fueron abarcando cada vez más posiciones en el sector eléctrico.

A Calderón la pleitesía personalmente le siguió rindiendo frutos. En junio de 2008, recibía de manos de los reyes de España el Collar de la Orden de Isabel la Católica, mientras que su esposa, Margarita Zavala, obtenía la Gran Cruz de la Orden de Isabel la Católica.

Oficialmente estos galardones se otorgan a quienes, con "méritos extraordinarios", hubiesen contribuido o favorecido a las relaciones de amistad y cooperación de España con el resto de la comunidad internacional.

En un *dossier* elaborado por la embajada de México en España es posible ver fotografías de la cena ofrecida por el rey Juan Carlos I para los honores del presidente Calderón en el Palacio Real, en enero de 2007; otra cena ofrecida por el rey Juan Carlos I en honor del presidente Felipe Calderón, en enero 2008; otra de junio de 2008 en el Palacio de El Pardo, también por los reyes de España, entre otras.

Priorizar el interés privado por encima del interés público a Pinochet le granjearía tomar el té con Thatcher; a

Calderón, que los reyes españoles le colgaran medallas y se le contratase como asesor de un consorcio del sector eléctrico que obtuvo de México sus ganancias más cuantiosas.

De allí que este expresidente, como lo haría Peña Nieto también, buscara asentarse en España. En el caso de Calderón, coincidentemente, tras el inicio del juicio en Estados Unidos contra Genaro García Luna por narcotráfico. La prensa internacional publicó que con apoyo de José María Aznar, a finales de 2022, Calderón había obtenido un permiso de residencia y trabajo en España.

Bien le redituó la subutilización de las empresas públicas para favorecer a las privadas. En su gobierno la generación de energía eléctrica por parte de los privados (en las modalidades de "productores independientes de energía" —PIE—, usos propios, autoabastecimiento, cogeneración y exportación) desplazaba a paso cada vez más acelerado a las empresas públicas dentro del Sistema Eléctrico Nacional.

Los consorcios privados hacían su boyante negocio sobre los hombros de la infraestructura y patrimonio de las empresas públicas, pero además se creó una artificial demanda de electricidad, produciendo mucho más de lo que se necesitaba, porque las directrices presidenciales obligaban a la CFE y LFC a comprarles sus excedentes, inclusive a precios mucho más caros que el costo de la generación directa.

En cifras: la generación de electricidad por parte del Estado decreció de 191.4 miles de GWh (gigawatts-hora) en 2000 a 159.9 miles de GWh en 2008; en tanto que los privados pasaron de generar 12.9 miles de GWh en el año 2000 a 107.8 GWh en 2008.

En tal contexto, mediante la ocupación policiaca y militar coordinada por García Luna y operada por sus subalternos, una madrugada de octubre de 2009 Calderón decidió acabar con LFC, que además tenía la peculiaridad de que su sindicato era uno de los más combativos del país, y abierto opositor a sus medidas de subutilización y desmantelamiento de la empresa pública.

En una nota publicada en *La Jornada*, el periodista Gustavo Castillo detalló:

> Versiones obtenidas entre funcionarios de la Procuraduría General de la República, la Sedena y la Secretaria de Seguridad Pública (SSP) federal coincidieron en que la decisión de preparar jurídicamente la extinción de LFC se tomó desde marzo de este año, y que durante los meses subsecuentes, funcionarios cercanos a Genaro García Luna, titular de la SSP, que actúan como sus asesores, desplegaron grupos de vigilancia que definieron la estrategia a seguir para ocupar las instalaciones eléctricas. [2]

---

[2] Gustavo Castillo, "Se preparó desde marzo la 'estrategia' para la desaparición de Luz y Fuerza", *La Jornada*, 18 de octubre de 2009.

El operativo incluyó militares a quienes se disfrazó de policía civil, como documentó el periodista Arturo Rodríguez en las páginas de *Proceso*.

Si en tiempos de Miguel de la Madrid se intentaba imponer el miedo ante el supuesto caos inminente, de no aplicarse el modelo que conllevaba la desincorporación y privatización o extinción de las empresas públicas, Calderón de plano mandató la toma por la fuerza de las instalaciones de la emblemática compañía LFC en las cinco entidades donde operaba, lo que precedió a su extinción por decreto.

Dio la estocada aprovechando un "sabadazo futbolero" que tenía a la afición mexicana celebrando el pase al Mundial de Sudáfrica. La decisión de oficializar la liquidación aquel octubre no fue producto de la coincidencia o el azar, sino una medida calculada en que la euforia colectiva futbolera amortiguaría las reacciones.

Ya para entonces la ingobernabilidad empoderaba al crimen organizado con violentas acciones a lo largo y ancho del país, de frontera a frontera; la crisis económica achicaba los bolsillos de los ciudadanos, y el desempleo iba al alza, irónicamente, en el gobierno de aquel que se promovía como "el presidente del empleo".

En las postrimerías del sabadazo futbolero, Calderón asestó el golpe a la histórica compañía, envió a la calle del desempleo a sus 44 mil trabajadores y desmovilizó así a la oposición gremial ante la subrepticia privatización del sistema eléctrico.

Para ese octubre la Selección Mexicana ya había jugado los partidos amistosos y los primeros del proceso clasificatorio. El de ese sábado, que se disputaba contra El Salvador, era estratégico, ya que se jugaba el pase al mundial. El equipo tricolor venció 4-1 a su contrincante, y en las horas posteriores las principales plazas del país se tornaron en festejos que distrajeron del despliegue policiaco-militar en las principales instalaciones de LFC.

En una entrevista con *La Silla Roja*, de *El Financiero*, en mayo de 2020, a propósito de la publicación de uno de sus libros, Felipe Calderón diría:

Decidimos el día de la toma de Luz y Fuerza el día que México se jugaba el pase al Mundial de Sudáfrica, íbamos en desventaja, pero podíamos, si ganábamos pasábamos a Sudáfrica, y ya cuando Cuauhtémoc Blanco metió el segundo gol contra El Salvador en el Estadio Azteca y que todo mundo salió a festejar y todo, dije: "¡Es la hora, vámonos para adelante!", y arrancó el operativo poco antes de la medianoche.

Yo le dije a mi equipo: "Me voy a dormir, si todo sale bien como está previsto, no me despierten, por favor, porque mañana va a ser un día difícil". A las tres de la mañana de todos modos estaba despierto, ya había acabado la ocupación…

Aquellos días de asueto, la fiesta, que comenzó en el Estadio Azteca con el 4-1 del partido entre México y El Salvador, se desbordó en las calles, zócalos, parques, bares y clubes nocturnos de las principales ciudades del país.

En la Ciudad de México, hasta entrada la madrugada, miles de hinchas en torno al Ángel de la Independencia todavía coreaban a la Selección Mexicana.

En transmisiones en cadena nacional, secretarios de Estado ejecutaban la ordenanza calderonista, mientras que en la sobremesa del domingo y la charla de café solo había lugar para el espectacular primer gol de Cuauhté-moc Blanco; el que al minuto 84 tiró Juan Francisco Palencia; el que cinco minutos después anotó Carlos Vela; y hasta el autogol del defensa salvadoreño Marvin René González, que en los primeros 25 minutos del partido desmoralizó al equipo visitante.

Cuarenta y cuatro mil nuevos desempleados por decisión del autonombrado "presidente del empleo", pero los coros del "¡Nos vamos al Mundial, nos vamos al Mundial!", que desde el coloso de Santa Úrsula hicieron eco en todo el país, aún regocijaban el imaginario colectivo.

La extinción por decreto de una de las dos empresas torales para el sistema eléctrico mexicano concluía un largo proceso mediante el cual, en la operación del día a día, se subutilizaban su infraestructura y recursos humanos para favorecer a los privados mediante subcontrataciones de servicios, obra, y, de igual manera que se hacía con la

CFE, con la generación y distribución de energía a clientes que aparentemente eran de las empresas del Estado.

Felipe Calderón sí se fue al Mundial. Viajó a Sudáfrica al partido inaugural de la Copa, y se haría acompañar también de elementos del Estado Mayor Presidencial (EMP).

En septiembre de 2010 un solicitante mediante la Plataforma Nacional de Transparencia le preguntó al EMP por los gastos de Calderón en su viaje a Sudáfrica, así como los de sus acompañantes, incluidos miembros del EMP. Se le respondió que esa área no contaba con los registros documentales de gastos del presidente y su comitiva, pero sí "se informa que los gastos erogados de manera global en actividades de Seguridad y Logística por el Estado Mayor Presidencial, para apoyar la asistencia del Presidente de los Estados Unidos Mexicanos y su comitiva a la Ceremonia de Inauguración del Campeonato Mundial de Futbol en la ciudad de Johannesburgo, República de Sudáfrica, del 9 al 12 de junio de 2010, fueron los siguientes".

Y cifra que fueron 292 mil 831.78 dólares en transporte aéreo; 8 mil 441.09 dólares en transporte terrestre; 33 mil 645.42 dólares en hospedaje y alimentación; y 103 dólares más en gastos no especificados (diversos); es decir, 335 mil 021.29 dólares gastados por los elementos de seguridad.

Ya como expresidente viajaría a Brasil a la Copa Mundial de FIFA 2014. También el Estado mexicano debió pagar por el acompañamiento que miembros del EMP hicieron para cuidar al expresidente.

En agosto de ese año, en otra solicitud de información, se le preguntó a la Oficina de Presidencia si el expresidente Calderón había tenido acompañamiento de efectivos del EMP a la Copa Mundial de la FIFA Brasil, el número de elementos y otras datos. Se respondió que "personal del EMP sí acompañó al expresidente Felipe Calderón Hinojosa en el viaje de referencia". Pero respecto al número de elementos "no es posible proporcionarla por estar clasificada como reservada por 12 años".

La duración de la estadía, según el mismo documento —que es posible consultar en la Plataforma Nacional de Transparencia— habrían sido seis días.

TRAMPAS PRIVATIZADORAS

Luego de la extinción de LFC, los secretarios de Gobernación, Fernando Gómez Mont (2008-2010); de Energía, Georgina Kessel (2006-2011), y de Hacienda, Agustín Carstens (2006-2009), insistieron en que no se privatizaría el sector eléctrico, que la CFE se encargaría de suministrar electricidad a los 6 millones de clientes que atendía LFC. La realidad era que, para esos momentos, ya casi 50% de lo que se consumía en el país era generado por consorcios privados, bajo las ya referidas modalidades.

La Comisión Reguladora de Energía (CRE) había dispuesto, mediante 772 permisos especiales, la autorización para producir 49.4% de la electricidad del consumo nacional (166 mil 682 GWh).

Mediante 24 permisos como grandes productores independientes de energía, los consorcios españoles, estadounidenses, canadienses, japoneses, alemanes, franceses y belgas, entre ellos Iberdrola, Unión Fenosa, Tractebel, Abengoa, Mitsubishi, Alstom, Electricitè de France, Bechtel, Intergen y otros producían y le vendían a las empresas del Estado buena parte de la energía eléctrica que se consumía en México; y el excedente artificial, aquello que no se necesitaba, pero se producía porque tenían asegurada la compra.

Sumado a 595 permisos de "autoabastecimiento", 58 para cogeneración, 37 para importación, siete para exportación, tres para pequeña producción y 48 para usos continuos a empresas diversas.

Sin lugar a dudas, el presidente que extinguía una empresa pública estratégica y medular para el sector eléctrico lo hacía con la intensión de fomentar esa industria paralela privada, que le iba restando considerables ingresos a las arcas públicas. Era una desnacionalización bajo figuras eufemísticas, o, dicho de otra manera, una desmexicanización de la industria eléctrica; un demoledor golpe al ideario de López Mateos, por el que los españoles le colgarían medallas.

Una de esas autorizaciones, que ejemplifica los mecanismos descritos, es la número E/205/AUT/2002, que Pérez-Jácome Friscione dio a Iberdrola en enero de 2002.

Bajo la razón social Iberdrola Energía Monterrey, S. A. de C. V., se le autorizó un supuesto autoabastecimiento.

Cuando se consulta el significado de la palabra "autoabasto" en el diccionario de la Real Academia Española, la definición no existe como tal; en cambio, "autoabastecerse" significa abastecerse con medios propios, lo que implicaría que la empresa estaba siendo autorizada para producir su energía, en sus plantas, con su infraestructura y para su consumo, así de simple.

Iberdrola es una empresa española con sede en Bilbao, cuyas primeras operaciones en México las hicieron mediante las filiales que fueron constituyendo, como Iberdrola Energía Monterrey, S. A. de C. V., la beneficiaria de la autorización descrita.

La primera condición de esa autorización cita: "La actividad autorizada consiste en la generación de energía eléctrica con una capacidad a instalar de hasta 619.3 MW en condiciones ISO, para satisfacer las necesidades de autoabastecimiento de energía eléctrica de las personas a que se refiere la condición tercera siguiente. El ejercicio de la actividad autorizada incluye la conducción, transformación y entrega de la energía eléctrica generada".

Luego, la aludida "condición tercera", que se refiere al "aprovechamiento de la energía eléctrica generada", incluye que la energía eléctrica que genere la permisionaria deberá destinarse exclusivamente a la satisfacción "de las necesidades de autoabastecimiento de sus socios".

Y aquí se incluyeron como supuestos "socios" a empresas, industrias, talleres industriales, manufactureras, cementeras, cerveceras, fábricas, universidades, etcétera, que antes eran clientes de las empresas públicas (como mandataba la Constitución; recordemos las adiciones para la nacionalización de la industria con López Mateos).

Mediante esos polémicos permisos Iberdrola comenzó, pues, a vender energía eléctrica a los otrora clientes de las empresas públicas mexicanas.

La simulación radicaba en que las empresas obtenían autorizaciones para su autoabasto, es decir, para generar la energía eléctrica que consumían. Pero esa no era su finalidad, sino comercializarla a clientes, haciéndolos pasar como supuestos "socios", cuya cartera fueron ampliando con el disimulo de los funcionarios públicos.

La vigencia de este tipo de permisos se otorgó con "una duración indefinida".

Otra de las polémicas modalidades eran los permisos para el llamado "autoabastecimiento remoto". Bajo esa figura, la trasnacional podía producir la electricidad en cualquier parte del país y transmitirla y distribuirla por las redes de la CFE, es decir, por la infraestructura que al Estado le costó construir a lo largo de muchos años.

Por si fuera poco, los permisos de "autoabastecimiento" eran usados por las beneficiarias de estos para incluir, dentro de sus planes de expansión, a muchas otras empresas para el "aprovechamiento de la energía eléctrica que se genere".

Por ejemplo, en su primer permiso como autogeneradora independiente, Iberdrola registró a 109 compañías dentro de sus "planes de expansión". Destacan entre estos corporativos: Kimberly Clark, Coca-Cola, Colgate-Palmolive, Altos Hornos de México, Cadena Comercial Oxxo, DuPont, Femsa, Gas Natural México, Grupo Maseca, Ideal Standard, Petrocel, Policyd, Protexa y Tubacero.

Algunas de las empresas eléctricas que producían y vendían energía eléctrica a la CFE y LFC (previo a su extinción), bajo la figura de "autoabastecedores", eran principalmente Iberdrola, Unión Fenosa, Endesa, Enertek, Transalta, Tractebel, AES Mérida III; Mexicana de Hidroelectricidad Mexhidro, Mecox Resources, Central Saltillo, Energía Azteca VIII, Electricidad Águila de Tuxpan, Electricidad del Istmo, Hidroeléctrica del Pacífico, Termoeléctrica Peñoles, Fuerza y Energía de Naco-Nogales, Proveedora de Electricidad de Occidente, Impulsora Mexicana de Energía, Bticino de México, Energía Nacional.

Consorcios de telefonía, cerveceras, procesadoras de alimentos, supermercados, tiendas departamentales, cadenas de cines, ensambladoras, entre otros, concentraban el resto de los permisos para producir su propia energía eléctrica y venderle también sus excedentes a la empresa del Estado.

A medida que aumentaban los permisos para la producción privada, las empresas públicas iban dejando de percibir considerables ingresos por esos clientes que producían su propia energía o la compraban a los privados. De los 772 permisos, 141 eran de clientes en áreas que antes abastecía LFC en el Distrito Federal, Estado de México, Hidalgo y Morelos, consumidores en niveles industriales: telefónicas, supermercados, cines, tiendas departamentales, productores de botanas, entre otros. En consecuencia, LFC dejó de percibir sus ingresos como proveedor de energía de esos consorcios. Más las diversas empresas, oficinas corporativas y otras, que tenían cuentas sin pagar a LFC por el servicio de energía eléctrica.

Además se les ofrecieron modalidades de financiamiento desde la banca de desarrollo (a través de Nafin, Banobras y Bancomext).

En otro esquema también a las compañías privadas extranjeras se las hizo contratistas para que se encargaran de obras y servicios que antes llevaban a cabo directamente los trabajadores de CFE y LFC, y algunas empresas mexicanas también en calidad de contratistas. Las compañías extranjeras terminaron a su vez subcontratando a compañías mexicanas, pero en condiciones desventajosas para las nacionales, lo que generó que incluso algunas llegaran a procesos litigios por impagos y otras irregularidades.

CFE, LA DEPAUPERACIÓN OBLIGADA

Durante el sexenio de Vicente Fox no fueron pocas las denuncias y quejas ante la contraloría que se presentaron contra altos funcionarios de la CFE, entre estas, de que la infraestructura se subutilizaba, que se paralizaban y chatarrizaban las plantas deliberadamente para comprarles a las privadas su producción.

Para esos consorcios se trataba de un negocio redondo garantizado: una de las cláusulas de los polémicos permisos de autoabasto estipulaba que "la permisionaria pondrá a disposición de la Comisión Federal de Electricidad los excedentes de producción de energía eléctrica que, en su caso, llegue a generar".

Algo similar a las decisiones de subutilizar las refinerías de Pemex para aumentar los volúmenes de importación de gasolinas, para favorecer a los intermediarios importadores, medida que también contribuiría a la expansión del mercado negro de combustibles, no solo mediante la ordeña de Pemex, sino a través del contrabando de gasolinas camuflado en aduanas mediante la utilización de documentos (incluidos pedimentos de importación) que indicaban que se transportaban sustancias distintas a las reales con pedimentos de otras sustancias (el llamado contrabando técnico).

Tuve acceso a volúmenes completos de auditorías internas hechas a la CFE, que serían luego archivadas y sepultadas en la burocracia debido a acuerdos cupulares. En estas auditorías quedó comprobado cómo, en las administraciones de Fox y Calderón, se subutilizaba a la CFE y se solapaba el deficiente manejo de los recursos desde su alta directiva, como si se buscara su quiebra deliberadamente.

También, en sus auditorías, la ASF identificó la subutilización en beneficio de las privadas, y a costa no solo de la paraestatal, sino directamente de los consumidores. El organismo cuantificó, en el sexenio de Vicente Fox, un crecimiento de 143.9% de energía comprada a particulares y una disminución media anual de 4.3% en la que generaba la CFE.

En el año 2000, los permisionarios tenían una capacidad de generación de solo 10.7% del total nacional, y esta para 2009 se había incrementado a 35.2%. Mientras que el servicio público no incrementó su capacidad, los permisionarios sí lo hicieron, especialmente los productores independientes (PIE).

En sus revisiones al Programa de Obras e Inversiones del Sector Energético (POISE), al Plan Nacional de Desarrollo (PND) 2001-2006, al Programa Sectorial de Energía (Prosener) 2004-2013 y al Programa de Egresos de la Federación en materia de generación de energía, la ASF encontró que, entre 2002 y 2004, la CFE había cedido 22.3% de la generación de energía eléctrica a los privados, de acuerdo con los reportes de "Generación, compra e importación de energía eléctrica".

Más aún, se descubrió que la CFE sobreestimaba la demanda nacional de energía eléctrica y compraba más electricidad, lo que impactaba los costos promedio de generación y encarecía la energía eléctrica para los consumidores. La tendencia en los años subsecuentes sería la misma.

En la lógica de mantener el entramado que favorecía a los consorcios privados con los cimientos construidos con recursos públicos que desde la nacionalización de la industria eléctrica se hizo de la empresa pública, la CFE previó que para el periodo 2005-2013 la demanda de energía eléctrica crecería en un promedio anual de 5.6%, al pasar de 171 mil 509 GWh a 265 mil 040 GWh en 2013. Sin embargo, según las estimaciones de la ASF, el incremento en la demanda había sido solo de 2.5 por ciento.

Para finales del sexenio de Felipe Calderón, la CFE había perdido mercado en la proporción en que los privados se apoderaban de este, lo que daba incertidumbre también a las tarifas.

Precisamente, como parte de las justificaciones para extinguir LFC, el secretario de Hacienda Agustín Carstens argumentó que de no hacerlo se habrían incrementado las tarifas eléctricas, con lo que en un momento de álgida crisis se pretendió que los consumidores aprobaran la decisión.

Su alegato catastrofista encaminado a que la ciudadanía avalara la extinción de LFC recuerda a los dichos de

Miguel de la Madrid para justificar las primeras privatizaciones.

Lo que no decía era que, a medida que silenciosamente se desnacionalizaba la producción de la electricidad y se desarticulaban las capacidades de las empresas públicas, los productores privados impusieron costos más altos que los que habría tenido la generación directa. En consecuencia, las tarifas fueron incrementando.

El Observatorio Ciudadano de la Energía, A. C., integrado por especialistas del sector, documentaba la sobrecarga financiera mediante la que se endeudaba a la CFE para favorecer los negocios de los privados.

Las directrices administrativas mediante las cuales deliberadamente se hacía cada vez más costosa y menos eficiente a la CFE incluyeron que esta registraba pérdidas de operación contables que se iban compensando con subsidios transferidos desde las arcas públicas, además de un presupuesto que se gastaba para mantener también su burocracia dorada, sus altas prebendas y servicios personales, y los costosos modelos de contratos de obra y servicios. Los activos disminuían y sus pasivos aumentaban. La deuda crecía en cuanto más se subutilizaba la empresa del Estado.

Y algunos de sus altos ejecutivos se vieron involucrados en sobornos. Estos se conocieron cuando, ante autoridades estadounidenses, consorcios privados admitieron haber entregado sobornos en dinero y especie a cambio de contratos con la CFE.[3] Al estar sujetos a las leyes anticorrupción de Estados Unidos, confesar y "arrepentirse" de sus malas prácticas les garantizaría sanciones benévolas.

Fueron recurrentes las irregularidades en la contratación de obras, adquisición de bienes y servicios, y esquemas operativos con costos mayores a los reales para beneficiar a los contratistas.

Hubo estafas en las adquisiciones y contratos de servicios de gas, carbón y combustóleo; en los manejos de los Proyecto de Inversión de Infraestructura Productiva con Registro Diferido en el Gasto Público (Pidiregas) y en las operaciones en varias centrales. También en las asociaciones público-privadas y en contratos impuestos a CFE en esquemas que implicaron compromisos multimillonarios, tales como los de gasoductos con trasnacionales.

La empresa se operaba con simulación, o acaso dolo, hasta por parte de quienes debían defenderla litigiosamente, y su área jurídica se volvió un nicho de negocios para reclamos por derechos de vía y por servidumbre legal de paso (para la instalación de tendido eléctrico, conductores o cables), en los cuales se le demandaron millonarias indemnizaciones.

Por ejemplo, la ASF detectó cuantiosos litigios en los cuales, derivado de las más elementales fallas jurídicas

---

[3] Para mayor referencia ver Ana Lilia Pérez, *Pemex RIP*, México, Grijalbo, 2017.

—como que no se respondieran las demandas, que se contestaran ante un juzgado distinto o que la defensa fuera omisa a todo el proceso—, las autoridades judiciales fallaban generalmente contra la CFE. De la revisión que hizo a los casos de 2008 y 2009, determinó: "Se detectó un patrón de conducta consistente en la falta de cuidado y diligencia de los apoderados legales de la CFE en el desahogo de las demandas".

Así, el pago supuestamente por derechos de vía y por servidumbre legal de paso, en muchos casos, fue una multimillonaria sangría para la CFE por mala praxis de los abogados que debían defender la compañía.

Tal fue el antecedente con el cual el gobierno de Peña Nieto promovió las llamadas reformas estructurales, para llevar a mandato constitucional muchas de las prácticas hasta entonces irregulares, mediante las cuales operaban sus negocios las empresas del sector.

Reformas polémicas desde la circunstancia de su aprobación y sobre todo al saberse que mediante supuestos sobornos algunos de los legisladores dieron su voto.

Con ese tufo el Congreso aprobó lesivas modificaciones para el interés público a los artículos 27 y 28 constitucionales, para convalidarle negocios a las empresas privadas, precisamente en los ámbitos en los cuales, mediante sendos decretos, los presidentes Lázaro Cárdenas y Adolfo López Mateos habían buscado proteger el beneficio común.

Para el caso del sector eléctrico, se reciclaron los argumentos empleados desde los años salinistas, zedillistas y panistas: que el sector necesitaba inversión, que la empresa del Estado era ineficiente, que las tarifas no eran competitivas, que había restricciones para la expansión de la red eléctrica y, particularmente, la supuesta incapacidad de CFE para promover la transición energética.

Tal y como premonitoriamente lo había advertido López Mateos.

Panistas y priistas que participaron en la aprobación de las reformas sostenían una narrativa de supuesta defensa de las energías renovables, mientras hacían oídos sordos a los señalamientos de los pobladores y comuneros de amplias regiones del país, que denunciaban los contratos leoninos y prácticas sucias mediante las cuales las empresas privadas operaban los parques eólicos. Es decir, incurrían en desaseadas maniobras para vender energía que se hacía pasar por "limpia" o "verde".

Como también habían sido omisos a los mecanismos operativos, administrativos y financieros que por años se habían aplicado para debilitar a la CFE y a LFC, y para la extinción de esta última.

A partir de las reformas peñanietistas se hicieron modificaciones a la estructura interna de la CFE: las redes de transmisión y distribución se dejaron como propiedad del Estado, pero sujetas en su operación a las disposiciones de la CRE y el Centro Nacional de Control y Energía (Cenace), para que estos determinaran cada interconexión, orden de despacho y dónde se distribuiría la electricidad, priorizando a las compañías privadas y relegando a la CFE.

El despacho de energía era uno de los puntos clave para la operación de este mercado a favor de los privados, ya que Cenace, desde su origen —como ocurrió con la CRE—, anteponía a los privados.

Además, la infraestructura de generación de la CFE fue dividida en seis compañías denominadas oficialmente Empresas Productivas Subsidiarias. También se dividió el área de distribución, comercialización y suministro, lo que desarticuló aún más su operatividad.

Se activaron las puertas giratorias para que los funcionarios que favorecieron los negocios de las compañías privadas del sector eléctrico formalmente entraran a sus nóminas.

En 2013, el mismo año de la reforma energética, en España, una vez más, a Calderón le concedieron un galardón: la Orden del Mérito Civil, que se entrega a quienes "hayan prestado servicios distinguidos a España o una notable colaboración en todos aquellos asuntos que redunden en beneficio de ella".

Georgina Kessel Martínez, quien fuera su secretaria de Energía (diciembre de 2006 a enero de 2011), en 2013, fue contratada como consejera de Iberdrola.

Y Felipe Calderón, oficialmente desde 2016, fue contratado como consejero independiente de Avangrid, filial de Iberdrola.

LA BATALLA POR LA RENACIONALIZACIÓN

Al considerar este sector como indispensable del patrimonio de los mexicanos, además de estratégico para la seguridad energética y la seguridad nacional, revertir las políticas privatizadoras fue una idea central del plan de
campaña de López Obrador.

En sus 100 compromisos de gobierno, el número 72
inscribió: "Se detendrá el plan de desmantelamiento de la
Comisión Federal de Electricidad; ni una planta más será
cerrada, por el contrario, se modernizarán las existentes y
se les dará atención especial a las hidroeléctricas para producir más energía limpia y de menor costo".

El compromiso de modernizar las plantas existentes y
priorizar las hidroeléctricas era clave precisamente para la
transición energética, y en ellas el Estado había hecho
cuantiosas inversiones.

Para garantizar la soberanía energética del país resultaba necesario revertir las reformas peñanietistas, aprobadas con el tufo de la corrupción, y desatar lo que atado había dejado la administración Peña, con los hilos que
comenzaron a tender los gobiernos que la antecedieron.

Primero, en 2021, desde el Ejecutivo se impulsaron las
modificaciones a la Ley de la Industria Eléctrica (LIE), con
razonamientos suficientemente claros y contundentes
para evidenciar la necesidad de desmontar los negocios
tramposos de las compañías privadas.

La respuesta fue una cascada de amparos (162) por parte de diversas empresas buscando frenar la ley para continuar con el modelo coronado por Peña, que les resultaba tan lucrativo.

A lo anterior se sumó a una acción de inconstitucionalidad presentada por un grupo de senadores ante la SCJN discutida en abril de 2022. La Corte resolvió no declarar inconstitucional la LIE, desechando otros dos recursos que sobre la misma habían presentado la Cofece y el gobierno de Colima.

La guerra litigiosa se volvería la estrategia para ponerle el pie a cada iniciativa impulsada para revertir aquellas medidas lesivas para el interés público.

Para esos momentos, tan solo Iberdrola tenía ya, según sus propias cifras, una capacidad instalada de más de 11 GWh, a través de 27 centrales (17 centrales de ciclo combinado y cogeneraciones, siete parques eólicos y tres parques fotovoltaicos, en 15 entidades): 16% de la energía generada en México (4.8% de la que consumen los clientes industriales y 11.2% para la CFE).

Para 2021, en México ya operaban 239 centrales eléctricas de supuesto autoabastecimiento. Y la cartera de clientes disfrazados de "socios" se contabilizaba en 77 mil 767, incluidos los mayores consumidores de electricidad en niveles industriales.

También, para el negocio a largo plazo, a los privados la CRE les había autorizado permisos para la generación de energía en una proporción mucho más grande que la necesaria, lo que ponía en riesgo la integridad el Sistema Eléctrico Nacional.

La sobreproducción derivaba de la sobreabundancia de permisos otorgados por la CRE a privados, considerando que les era un negocio redondo garantizado sí o sí por la CFE.

Los privados habían alcanzado ya 62% del mercado eléctrico mediante las modalidades de PIE, autoabastecimiento, subastas de largo plazo y centrales construidas posteriormente a la reforma peñanietista.

Para ser más precisos: los productores independientes a los que la CFE les debía garantizar el pago de toda su capacidad, aunque no se despachara toda su producción, tenían 31% del mercado; la modalidad de autoabastecimiento, a través del cual compañías privadas suministraban a 77 mil 767 clientes (entre los cuales se encuentran grandes consumidores, por ejemplo, fábricas, empresas, supermercados, grandes industrias) representaba 12%; 15% venía de las centrales eléctricas construidas posteriormente a la reforma peñanietista; y 4% de las subastas a largo plazo subsidiadas por el propio Estado.

Ante la cascada de amparos que buscaban impedir la aplicación de la LIE, la vía para ordenar el sector era proponer una contrarreforma, que llegó al Congreso en 2021. Comenzó entonces el intenso cabildeo, tan abierto y descarado como que enviados de los consorcios de electricidad apersonados en el recinto se instalaban hasta en los sillones del pleno para susurrarles a los legisladores de la alianza opositora su sentido del voto.

En los siguientes meses tuvo lugar un parlamento abierto que generó alto interés de la ciudadanía.

Luego, en abril de 2021, la discusión de esta reforma en el Congreso, en plena Semana Santa, un Domingo de Resurrección, registró niveles de audiencia históricos para medios como el Canal del Congreso, que transmitieron la sesión.

En tanto que, a las puertas de San Lázaro, ciudadanos se manifestaban exigiendo a los legisladores que aprobaran dicha reforma.

En el pleno se escuchaban las mutuas descalificaciones entre los legisladores del partido Morena, que defendían la reforma, y los de la coalición "Va por México", conformada por el PAN, PRI y PRD, en contra. Esta coalición había sido impulsada desde el año anterior, teniendo como una especie de patrocinador o mecenas al empresario Claudio X. González, presidente de Kimberly Clark. No hay que olvidar que su padre, el empresario Claudio X. González Laporte, presidente del mismo consorcio familiar, fue asesor presidencial en el gobierno de Salinas cuando el sector hacendario del país tenía como titular a Pedro Aspe, y entre sus subsecretarios a Francisco Gil Díaz, y representaba al Consejo Coordinador Empresarial (CCE) cuando al frente del sector hacendario quedó Francisco Gil Díaz, ya en los años del foxismo.

El nombre de su compañía, y de muchas otras impulsoras de la alianza PAN, PRI, PRD, opositora a la iniciativa de reforma eléctrica, puede leerse, precisamente, en las listas de supuestos "socios" que las empresas privadas han registrado, a lo largo de los años, como beneficiarias de sus autorizaciones de supuesto "autoabasto". También habían sentido tocados sus intereses con las políticas en materia fiscal, particularmente la que buscaba combatir la evasión de impuestos, defraudación y perdones fiscales, y precisamente dueños de esas empresas beneficiadas por esos mecanismos tramposos operados en el sector eléctrico.

Al final, luego de la maratónica sesión, ese bloque opositor —que defendía los intereses de las empresas privadas, nuevamente usando la falsa bandera de las energías renovables—, votó en contra de la reforma, validando lo que en tiempos de Peña sus pares habían aprobado.

En el intercambio de señalamientos entre uno y otro bloque, en esa sesión, se dijo que la diputada Margarita Zavala podría tener intereses en conflicto al participar en una votación que involucraba a compañías de ese sector. Se pidió que se revisara su caso y no se le permitiera votar; pero ella mantuvo su voto contra la iniciativa.

En una declaración hecha pública por ella misma en 2016, se puede leer que ese año su cónyuge, el expresidente Felipe Calderón, tenía una participación remunerada como miembro del consejo de administración de Avangrid, y que ese año, financiado por la empresa, viajó a Estados Unidos y España para "participar en reunión del consejo de administración". Ese mismo año, por cierto, la expareja presidencial obtuvo en calidad de "patrocinio o donativo" entradas al Super Bowl en San Francisco, California; a "Carreras del Gran Premio", un acceso para cuatro personas a palco del juego NFL en México; y por parte del Estado Mayor Presidencial, "transportación terrestre segura para los integrantes de la familia (dos vehículos blindados)".

La noche de aquel domingo de 2022, el tablero de San Lázaro, con 498 legisladores allí presentes, contabilizó 275 votos a favor de la reforma y 223 en contra, por lo que no se alcanzó la mayoría calificada que se requería para aprobarla.

EL ORO GRIS

La propuesta de reforma incluía, además, otro punto clave para el futuro energético: el litio, un mineral estratégico altamente codiciado a nivel mundial por sus posibilidades en la industria tecnológica. Y se sabe que el país podría tener un alto potencial de reservas de este mineral.

El litio está hoy presente sobre todo en transportes y baterías de distintos dispositivos digitales; además de que tiene muchos otros usos, incluido el médico.

Al visualizarse las potenciales reservas de litio en el país, cuando la coalición "PRIANRD" amenazaba con que no aprobaría la reforma eléctrica, la Presidencia envió al Congreso una iniciativa para reformas y adiciones a la Ley Minera, para que la exploración, explotación y aprovechamiento del litio y sus cadenas de valor económico correspondieran exclusivamente a la nación.

Aun cuando se logró esa reforma —en letra— para el caso del litio, si se materializa como tal o en qué proporción aún está por verse.

Actualmente el litio se ha convertido en uno de los *commodities* más cotizados en el mundo. Y para participar en su explotación y comercialización, varios empresarios privados y muchos extranjeros ya han levantado la mano.

La aplicación real del modelo y los alcances del Estado en este y el tipo de acuerdos que pudiesen aplicarse está aún pendiente.

6

Hijos de la burocracia dorada

La conducción de la administración pública con el tipo de prácticas descritas a lo largo de estas páginas fue operando por medio de mecanismos lesivos para el interés público y de privilegio para sus impulsores.

Un caso notorio es el de los familiares de Francisco Gil Díaz, el más destacado de los Chicago Boys en México. Después de tener cargos de dirección tanto en Hacienda como en el Banco de México (Banxico) durante el gobierno de Miguel de la Madrid, a partir del gobierno de Carlos Salinas de Gortari, Gil Díaz tendría designaciones de la mayor importancia como subsecretario de Hacienda y Crédito Público (de diciembre de 1988 a marzo de 1994), como subgobernador de Banxico (de abril de 1994 a noviembre de 1997) y posteriormente como secretario de Hacienda en el sexenio de Fox.

El caso que a continuación se detalla involucra a funcionarios en cargos estratégicos del gobierno, espías israelíes, paraísos fiscales y operaciones financieras que impactaron los bolsillos de los inversionistas de diversos países, que han acusado diversos fraudes; y también evidencia las intestinas disputas entre la casta de la burocracia dorada.

Un punto de partida para adentrarnos a la compleja trama es la portada de la revista *Forbes*, en su edición para México, de enero de 2015, en la cual, Gonzalo Gil White, hijo de Francisco Gil, aparece sonriente, vistiendo un refinado atuendo, saco a la medida, camisa blanca, corbata y, en la mano izquierda, un sofisticado reloj.

Enmarcada su fotografía en dorado, el hombre se muestra a tono con el complaciente y optimista título: "La apuesta de 10 millones de trabajadores. Gonzalo Gil dirige Oro Negro, la operadora de plataformas que recurre a las Afores para invertir en Pemex y que ahora va por más contratos".

Cuidado hasta el mínimo detalle para hacer lucir al CEO de una de las compañías más prometedoras de la industria petrolera, en el contexto de la aplicación de las ya aprobadas reformas estructurales de Peña Nieto, a su vez elogiado por la prensa internacional como el "salvador de México".

A quien *Forbes* ensalzaba en su portada, de entonces 44 años (nació el 12 de octubre de 1971), estudió Leyes en el Instituto Tecnológico Autónomo de México (ITAM), y un MBA en la Universidad de Stanford. Se trata de uno de esos hijos de la clase política mexicana beneficiada de las canonjías creadas por el modelo de administración neoliberal del país, heredero de la burocracia dorada.

Su origen, por cierto, es semejante al de Emilio Lozoya: hijo de quien fuera secretario de Energía y director del Instituto de Seguridad y Servicios Sociales de los Trabajadores del Estado (ISSSTE) en el gobierno de Salinas de Gortari, quien, coincidentemente, como Gonzalo, operaba también fondos de inversión. En el caso de Lozoya, este usaría esos fondos de inversión para las triangulaciones de los supuestos sobornos de la contratista Odebrecht.

El origen de Oro Negro, contratista de Pemex que lo tenía como CEO, no puede desvincularse de los cargos y atribuciones de su padre en el sector público. Años antes, como titular de la Secretaría de Hacienda, Gil Díaz también ocupó un asiento en el consejo de administración de Pemex, el mismo sector en el cual su hijo comenzaría a cimentar su negocio futuro.[1]

Gil White ya había fungido como socio fundador de Navix y presidente de su comité ejecutivo; también, de los fondos Navitas Investments, Artro Holdings y Axis Capital Management, en conjunto con uno de sus futuros socios en Oro Negro: José Antonio Cañedo White, quien, según su biografía, fue presidente del consejo de Grupo Televicentro, la controladora de Televisa.

Cañedo también fue funcionario público en la banca de desarrollo, como director de Mercados de Capital y Banca de Inversión de Nacional Financiera (Nafin).

---

[1] Véase Pérez, *Pemex RIP, op. cit.*

Esta banca fue creada en 1934, mediante decreto presidencial, por Abelardo L. Rodríguez, con la idea de que en el México posrevolucionario, en el contexto mundial de los estragos de la Gran Depresión de 1929, se impulsara la infraestructura e inversión en sectores productivos del país mediante financiamiento en el que participara el Estado. Sin embargo, en su historia, no pocas veces se usó para capitalizar e impulsar la promoción de negocios de empresarios cercanos al poder, y también para capitalizar paraestatales que luego mediante eufemismos de "desincorporación" fueron privatizadas.

El otro socio principal de Gonzalo Gil, fundador también de Axis, era Carlos Enrique Williamson Nasi, colombiano que en 1989 adquirió la nacionalidad estadounidense, y en 2002 se naturalizó mexicano. De igual manera había sido ejecutivo de Grupo Televicentro y asesor del gobierno federal para la disolución y liquidación de la paraestatal siderúrgica Sidermex.

José López Portillo fundó esta empresa el 10 de octubre de 1979 para integrar la producción siderúrgica que el Estado desarrollaba mediante numerosas paraestatales. La intención era aprovechar la producción de hierro y acero, además de mantener acciones en las principales fundidoras del país. Sidermex aglutinaba empresas del Estado como Altos Hornos de México, Fundidora Monterrey, Siderúrgica Lázaro Cárdenas y otras.

Sidermex llegó a convertirse en la siderúrgica más grande de México. Sin embargo, en 1991, el gobierno federal decidió la liquidación de esta y de su brazo internacional Sidermex International Inc. "Desde el punto de vista de la economía nacional ya no resulta conveniente conservarlas como entidades paraestatales", se leía en el *Diario Oficial de la Federación* el 27 de septiembre, como resolución de la entonces Secretaría de Programación y Presupuesto, con rúbrica de su titular, Ernesto Zedillo Ponce de León.

La disolución y liquidación de la paraestatal siderúrgica Sidermex fue operada por la Secretaría de Hacienda en 1991. En consonancia con el modelo privatizador, sus activos más valiosos fueron entregados a empresarios cercanos a altos funcionarios públicos; y, al paso de los años, en el gobierno de Peña Nieto, algunos de estos, como las plantas de Altos Hornos, se revendieron a Pemex con millonarios sobreprecios, usando como artimaña el Pacto por México y la reforma energética.

En mi libro *Pemex RIP* detallé parte de la operación del negocio de la empresa de Gil White. En las siguientes páginas describo cómo se fue afianzando su capitalización y la trama de intrigas y espionaje que ejemplifica las pugnas palaciegas entre la burocracia dorada del país durante los gobiernos del PRI y el PAN.

Los orígenes de la citada compañía contratista de Pemex, que tenía como CEO a Gil White, podríamos ubicarlos a través de su fondo Axis, que empezó a incursionar en el sector energético mexicano, constituyendo una serie de vehículos de inversión.

A partir de Axis crearon las subsidiarias Axis Services, Axis Holding y Axis Asset Management.

Los socios acordaron crear la empresa que operaría como contratista de Pemex en el arrendamiento de plataformas, uno de los negocios más lucrativos de la industria petrolera debido al monto de las rentas; la denominarían Integradora de Servicios Petroleros Oro Negro.

Para adquirir las plataformas diseñaron diversos mecanismos de financiamiento y obtuvieron recursos mediante la emisión de deuda en los mercados de valores de México y el extranjero.[2]

Integradora, la matriz, se estructuró en un directorio corporativo con una asamblea de accionistas, un consejo

---

[2] A partir de Integradora de Servicios Petroleros Oro Negro S. A. P. I., que operaría como matriz, constituyeron también Perforadora Oro Negro S. de R. L. de C. V., que operaría como fletadora; también Operadora Oro Negro, S. de R. L. de C. V., Oro Negro Servicios Administrativos S. de R. L. de C. V., Oro Negro Drilling Pte. Ltd., Oro Negro Offshore Drilling Pte. Ltd., ON Costa Afuera S. de R. L. de C. V., ON Personnel Services S. de R. L. de C. V. Además crearon una razón social por cada una de las plataformas que irían encargando construir en astilleros de Singapur, las cuales llamarían Fortius, Laurus, Decus, Impetus, Primus y Vastus. De manera que las razones sociales se constituyeron con los siguientes nombres: Oro Negro Fortius Pte. Ltd., Oro Negro Laurus Pte. Ltd., Oro Negro Decus Pte. Ltd., Oro Negro Impetus Pte. Ltd., Oro Negro Primus Pte. Ltd. y Oro Negro Vastus Pte. Ltd.

de administración y un director general. Gonzalo Gil era el director general; José Antonio Cañedo White, el presidente del consejo de administración; y Carlos Enrique Williamson, también parte de su consejo.

Como presidente ejecutivo y director estaba también Luis Ramírez Corzo, ni más ni menos que el exdirector general de Pemex (2004-2006), quien previamente lo había sido de la subsidiaria Pemex Exploración y Producción (2001-2004), es decir, la misma área que contrata las plataformas petroleras; antes había sido también contratista de Pemex. Otra muestra precisa de las puertas giratorias entre la función pública y la iniciativa privada.

Diseñaron un negocio redondo: una empresa contratista dirigida por quien había fungido al frente de la empresa del Estado a la que precisamente esa contratista le rentaría equipos.

Una vez que en papel constituyeron la matriz, las subsidiarias y filiales, empezaron a captar capital. Entre los primeros fondos que obtuvieron estuvieron los norteamericanos y de Singapur, debido a que, en 2011, Axis inició conversaciones con un fondo soberano de aquel país asiático denominado Temasek Holdings; posteriormente, la firma de inversión estadounidense Ares Management se unió a las negociaciones. Como resultado, para 2012 Temasek y Ares anunciaron que invertirían 250 millones de dólares en Integradora.

Para la formalización, el 22 de febrero de 2012, Axis Holding, Axis Services, Ares, Temasek, Gil White, Cañedo White, Williamson Nasi y Ramírez Corzo celebraron un convenio mediante el cual Ares y Temasek se convirtieron en accionistas de Integradora.

La participación de Temasek en Integradora se hizo mediante una empresa constituida bajo las leyes de los Países Bajos llamada Sommerville (antes Sheares Investments BV). Por su parte, Ares invirtió a través de ACOF, una sociedad constituida bajo las leyes de las Islas Caimán. A partir de ello, también se conformó el consejo de administración de Integradora.

La administración de Integradora quedó a cargo de Luis Ramírez Corzo como presidente ejecutivo; Gonzalo Gil White como *chief executive officer* (CEO); Miguel Ángel Villegas como *chief financial officer* (CFO); Alonso del Val como *chief legal officer* (CLO); y Cynthia Ann DeLong como directora administrativa.

Entre las primeras operaciones el 31 de julio de 2012 concretaron la adquisición de Todco México y Servicios Todco, compañías que ya antes rentaba plataformas y equipos a Pemex.

Como se comentó, el modelo de financiamiento consistía en emitir bonos en las bolsas de valores de varios países para captar el dinero para la operación de la compañía. Así que el capital de Integradora se fue modificando con los aportes de diversas instituciones bancarias, fondos de inversión, personas físicas y personas morales mexicanas y extranjeras.

Ese 2012 emitió bonos por 220 millones. Esto quedó asentado con la firma de dos contratos de garantía de préstamos con la fecha de octubre de 2012 celebrados con Nordic Trustee. La finalidad era financiar las plataformas Primus y Laurus.

Entre 2012 y 2014 Oro Negro emitiría en el mercado europeo cuatro bonos con la finalidad de obtener los recursos para pagar las plataformas. En cada emisión, Nordic Trustee quedó como representante común de los tenedores de bonos.

Es destacable que, además del capital de los primeros fondos de inversión, junto con otros bonistas y accionistas particulares de Europa y Estados Unidos, una de las vías principales con que se capitalizó la empresa del hijo de Gil y sus socios fueron las Administradoras de Fondos para el Retiro (Afores), que en México administran las pensiones de millones de trabajadores mexicanos.

De allí precisamente las palabras con que *Forbes* montó la portada donde aparecía el flamante CEO de Oro Negro: "La apuesta de 10 millones de trabajadores". No es que la compañía fuera a darle empleo a tal cantidad de trabajadores, sino que el dinero de estos, a través de sus Afores, estaba siendo usado para financiar a esta compañía, probablemente sin que tuvieran pleno conocimiento de tal operación.

Para ese mecanismo de financiamiento en México se creó un fideicomiso CKD (certificados de capital de desarrollo). Los CKD se crearon en México en 2009 con la finalidad de captar recursos para proyectos de infraestructura, inmobiliarios, minería, tecnología, entre otras actividades. En este caso específico, el fideicomiso CKD número F/17272-21 fue constituido el 11 de diciembre de 2012.

Banamex actuaría como fiduciario; Axis Asset Management sería el fideicomitente, fideicomisario en segundo lugar y administrador del fideicomiso CKD; los tenedores de certificados serían los fideicomisarios en primer lugar; y Grupo Financiero Monex sería el representante común de los tenedores de certificados.

Banamex, en calidad de fiduciario, emitiría certificados bursátiles colocados en la Bolsa Mexicana de Valores (BMV), entre el público inversionista, mediante lo que se identifica como "llamadas de capital". Se buscaba obtener fondos que se invirtieran en "sociedades promovidas" o "proyectos promovidos".

Es decir, mediante el CKD se les canalizarían fondos provenientes de las cuentas individuales de retiro de los trabajadores mexicanos administradas por ciertas Afores. En este caso, la inversión que se hizo desde las Afores consistió en la adquisición de un paquete de acciones de Integradora Oro Negro.

La decisión de dónde invertir los recursos que se iban obteniendo de la colocación de los certificados bursátiles correspondió a una asamblea de tenedores de certificados, a recomendación del administrador del fideicomiso CKD. Los representantes de Axis Asset Management (administrador) precisamente eran, en esos momentos, Gonzalo Gil White, José Antonio Cañedo White, Carlos Enrique Williamson Nasi, Alonso del Val Echeverría y Gustavo Armando Mondragón.

Axis, en su calidad de administrador, proponía al comité técnico (formado por Afore Banamex y Afore Sura) o a la asamblea de tenedores de certificados (sociedades de inversión de Afore Banamex y Afore Sura) las inversiones a realizar con los fondos que se obtendrían de la colocación de los certificados bursátiles en la BMV.

Los recursos se aprobaron para Integradora Oro Negro. Una vez aprobadas las propuestas de inversión, Axis instruyó a Banamex (fiduciario) a realizar las "llamadas de capital". Banamex, por su parte, emitió los certificados bursátiles en la BMV.

En marzo de 2013 se celebró un convenio de aportación mediante el que Banamex, del capital de Afores, envió 200 millones a Integradora Oro Negro, con lo que se convirtió en "inversionista calificado".

Con tal inversión, para ese momento, Axis representaba, controlaba y administraba de manera directa e indirecta 49% del capital de Integradora Oro Negro, lo que lo hacía el accionista con mayor participación en la empresa, y no precisamente con su propio dinero, sino con aquel transferido desde las Afores.

En junio de ese 2013 constituyeron otro fideicomiso, con el número F/1695, para que Pemex transfiriera a este los pagos por el arrendamiento de las plataformas. En tal fideicomiso el fiduciario era Deutsche Bank. Y los pagos que a su vez se realizarían desde ahí serían conforme a un orden de prelación (*cash waterfall*) que se detalla a continuación:

Nordic Trustee, que además fue designado como fideicomisario en primer lugar y beneficiario preferente. Luego Deutsche Bank debía entregar a Perforadora los montos necesarios para el pago del IVA; a continuación, Deutsche Bank retendría recursos por concepto de pago de sus honorarios; después pagaría a Nordic Trustee los montos acordados en el contrato de bonos para amortizar obligaciones garantizadas.

Y después Deutsche Bank debía realizar los pagos de las rentas a favor de las subsidiarias de Singapur bajo los contratos de fletamento celebrados con Perforadora Oro Negro; los gastos operativos y gastos de administración de Perforadora Oro Negro; y distribuir los saldos restantes en favor de las plataformas Primus, Laurus, Fortius, Decus e Impetus.

Es decir, primero se tendrían que cumplir las obligaciones fiscales; el pago de servicios de Deutsche Bank y las obligaciones de pago a Nordic Trustee; después, los gastos, rentas y saldos a favor de las subsidiarias de Singapur y de Perforadora Oro Negro.

Mediante los mecanismos descritos, Oro Negro continuaba buscando capital en los mercados de valores para ir cubriendo sus compromisos tanto del pago de las plataformas como los que tenía con los bonistas.

Así que en octubre de 2013 hizo una segunda emisión en el mercado de valores de Noruega: un bono de corto plazo (ya que vencía en 2014) por 175 millones de dólares para abonar al pago de la plataforma Fortius.

Meses después, en enero de 2014, en el mismo mercado emitió otro bono por 725 millones de dólares, pero para refinanciar los bonos que había emitido en 2012 y 2013, y financiar la construcción y entrega de la plataforma Decus, que, al igual que Fortius, yacía en construcción en Singapur.

Para diciembre de ese 2014 hizo otra emisión de bonos por 175 millones de dólares para la Impetus. Buscaba refinanciar deudas acumuladas por Oro Negro y también abonar a la Decus. Los bonos emitidos en 2014 debían liquidarlos en diciembre de 2015.

Sobre la construcción y contratación de las plataformas: a Primus y Laurus las mandaron construir en julio de 2012 en el astillero singapurense Keppel; Oro Negro tomó posesión de estas el 16 de noviembre de 2012 y el 16 de mayo de 2013, respectivamente, y las arrendó a Pemex en 2013.

A Fortius y Decus las mandaron construir en noviembre de 2012, en el astillero de PPL Shipyard, subsidiaria de Sembcorp Marine. El 22 de octubre de 2013 Oro Negro tomó posesión de Fortius y el 18 de febrero de 2014 de Decus. Pemex las contrató en enero, aunque Decus inició operaciones hasta el 10 de junio de 2014. A Impetus la mandaron construir en marzo de 2013. A partir de enero de 2015 estaba en posesión de la empresa, y en diciembre sería contratada por Pemex.

Por aquellos días en que *Forbes* había retratado a Gil en sus modernas y elegantes oficinas de Santa Fe, recién llegaba de Singapur.

Meteóricamente, Oro Negro se había convertido en una de las principales arrendadoras de plataformas de Pemex, posición que antaño tenían trasnacionales de origen estadounidense y europeo principalmente.

A saber: empresa constituida por el hijo de quien tuvo asiento, voz y voto en el consejo de administración de Pemex; capitalizada con dinero de bonistas y de Afores (es decir, de los trabajadores mexicanos que ahorran para su retiro); y receptora de contratos vía adjudicación directa, es decir, sin filtros para garantizar su capacidad o competitividad.

Además de las plataformas para esos momentos arrendadas a una considerable suma (aproximadamente 160 mil dólares diarios por cada una), Oro Negro había pagado un anticipo para la construcción de tres más: Vastus, Supre-

HIJOS DE LA BUROCRACIA DORADA

mus y Animus, que, obviamente, también ofrecería en arrendamiento a Pemex, porque no tenía otro cliente.

Así que quizá a Gil le sobraban razones para el complacido semblante con el que posó ante las cámaras de una de las publicaciones más influyentes dentro del círculo de los adinerados.

"Este año puede ser el despegue de Oro Negro, cuyos socios más destacados son Antonio Cañedo White, exaccionista de Televisa, y Luis Ramírez Corzo, exdirector general de Pemex. El valor de sus contratos de renta de plataformas a Pemex o *backlog*, consideradas las que aún están en construcción, sumará en este año poco más de mil 500 millones de dólares", citaba *Forbes* como parte de su entrevista exclusiva con Gil White.

"Los vientos corren a favor de Oro Negro. La reforma energética aprobada el año pasado permite, por primera vez, que empresas privadas extraigan petróleo en México y ayuden a Pemex a sacar adelante sus planes. Así que Oro Negro estrecha lazos con la petrolera", refería.

Pero los vientos que en apariencia corrían plácidamente a su favor de pronto cambiaron de rumbo.

La industria petrolera mundial arrastraba una inesperada caída que iba impactando significativamente los precios internacionales del crudo. Los miembros de la Organización de Países Exportadores de Petróleo (OPEP) aumentaban su producción, en contraste con la desaceleración del crecimiento de la demanda de petróleo.

De un máximo de 102.4 dólares que el barril de crudo llegó a valer a principios de 2014, se había ido desplomando, frustrado las estimaciones económicas sobre la perspectiva de la economía mundial, que cuantificaban un precio promedio de 99 dólares por barril para 2015, sobre la base del precio supuesto en los mercados de futuros.

Este cayó casi a la mitad, baja que se prolongaría durante todo ese año hasta niveles récord; de manera que, ya para enero de 2016, el barril apenas promediaría los 26 dólares, y luego caería aún más, hasta los 18.9 dólares.

Las petroleras de todo el orbe sufrieron descalabros en mayor o menor medida; y Pemex no fue la excepción. El portafolio de negocios que con la estelar reforma energética peñanietista había planificado la reconvertida "empresa productiva del Estado" proyectaba explotar pozos del golfo de México, en activos como Ku-Maloob Zaap, Cantarell, Litoral y Abkatún-Pol-Chuc, planes que finalmente naufragaron.

En los estantes de revistas aún se veía el rostro sonriente de Gonzalo Gil en *Forbes*, cuando ya para finales de ese enero de 2015 el gobierno anunciaba recortes al gasto público por 124 mil 300 millones de pesos para ese año; la mitad sería en Pemex.

Ante la instrucción, el 13 de febrero de 2015, el consejo de administración determinó los ajustes, particularmente en las áreas de producción y exploración.

Después, para 2016, la reducción sería mayor: la SHCP anunció otro recorte al gasto público por 132 mil 300 millones de pesos, de los cuales 100 mil millones serían en Pemex. En 2017 se hizo otro recorte al gasto público, del cual nuevamente 100 mil millones de pesos corresponderían a Pemex.

Los ajustes que decidió el consejo de administración conllevaron a que se detuviera la operación de diversos pozos, a la cancelación de contratos y a que se ajustaran otros en montos y periodos de renta.

Estos ajustes y cancelaciones se aplicarían en los años 2015, 2016 y 2017.

Con las empresas que arrendaban plataformas se negociaron reducciones de tarifas. Para el caso de la contratista Oro Negro, se determinó ajustar las tarifas de arrendamiento de plataformas, inicialmente a partir de junio de 2015, para Primus, Laurus, Fortius y Decus, a 116 mil 300 dólares diarios por plataforma.

En agosto de 2015, Oro Negro emitió un comunicado donde reconocía que la industria enfrentaba problemas, y que a ello respondían las modificaciones a sus contratos.

Pero al poco tiempo surgirían desacuerdos internos, al parecer de otra naturaleza, ya que Temasek y Ares comenzaron a cuestionar las decisiones del CEO y otros de sus directivos. Estos, a su vez, internamente, comenzaron a señalar que los representantes de los fondos habían iniciado una supuesta campaña de desprestigio contra Axis y sus socios, y también que supuestamente se habían reunido con competidores de la compañía y directivos de Pemex sin el consentimiento del consejo de administración de Integradora.

El cruce de señalamientos entre directivos y accionistas tornó cada vez más ríspida la relación, hasta el punto de que algunos de los socios accionistas extranjeros pidieron que se sustituyera a Gonzalo Gil en el cargo, pero su petición no tuvo eco.

No obstante, los desencuentros no acabaron allí, porque pronto comenzaron los incumplimientos de los directivos de Integradora para con los bonistas, según los compromisos establecidos en los convenios, así como del pago de los intereses generados, además de que se acusaba una supuesta falta de información. Todo ello tensó más la relación entre directivos y bonistas.

A principios de abril de 2016, Oro Negro informó a sus tenedores de bonos sobre la necesidad de reestructurar la deuda de la empresa. El 29 de abril se realizó la primera reestructura.

A partir de junio de 2016, un grupo que representaba 45% de los tenedores de bonos designó a AMA Capital como su asesor financiero, que empezó a solicitar información periódicamente a Oro Negro. En noviembre de ese año se buscó reestructurar nuevamente la deuda.

Es preciso recordar que, en su modelo de negocios, la adquisición de las plataformas la habían hecho mediante deuda, asumiendo obligaciones frente a sus tenedores de bonos. Dado que la empresa tenía a Pemex como único cliente, cuando Hacienda determinó la necesidad de que la paraestatal recortara su gasto, el consejo de administración de esta autorizó la reestructura de su portafolio de negocios, particularmente en las áreas de exploración y producción, por lo que la contratista quedó en una complicada posición.

En 2017 Oro Negro buscó reestructurar su deuda por tercera vez, pero súbitamente solicitaría que se declarara a la empresa en concurso mercantil.

Valga explicar que formalmente se trata de un procedimiento judicial en el que se determina si una empresa es insolvente y declara su quiebra. Mediante este se busca que la empresa sujeta al concurso mercantil se conserve, pero evitando que incumpla sus obligaciones, y, si es necesario, la empresa se liquida de manera formal y ordenada.

Si se declara la quiebra, un síndico designado por el juez encargado del concurso mercantil se ocupa de la administración de la empresa y procede a vender bienes y derechos que integren la masa concursal, buscando obtener la mayor cantidad de recursos para pagar a los acreedores.

Para este caso concreto el 31 de agosto de 2017 se protocolizaron poderes otorgados por Integradora Oro Negro, Perforadora y las subsidiarias de Singapur, en favor de la firma Guerra González, para presentar las solicitudes de concurso mercantil (345/2017) en representación de dichas empresas ante juzgados mexicanos.

En septiembre de 2017 Perforadora solicitó voluntariamente ser declarada en concurso mercantil, acción conocida públicamente mediante lo informado por la BMV el 22 de septiembre de 2017. Recordemos que como participante de la BMV la empresa debía notificar sobre cualquier tema relevante para sus accionistas y bonistas.

Ese mismo mes otras de las subsidiarias solicitarían ser declaradas en concurso mercantil.

El 5 de octubre de 2017, el juez segundo de distrito en materia civil admitió el trámite de concurso mercantil.

La versión de quien fue director jurídico de Oro Negro, Alonso del Val Echeverría, es que Gonzalo Gil, por sugerencia de "asesores externos", decidió recomendar al consejo de administración de Oro Negro solicitar el concurso mercantil para la empresa, y también solicitar medidas precautorias para obligar a Pemex a que le siguiera pagando la tarifa original de los contratos (aproximadamente 160 mil dólares diarios por plataforma para cuatro de ellas: Primus, Laurus, Fortius, Decus, y 130 mil para la plataforma Impetus, la última en ser contratada).[3]

Nuevamente, según Alonso del Val, el objetivo de la estrategia de Gil era lograr la reestructuración de los pasi-

---

[3] Para el momento en que se declaró en concurso mercantil Oro Negro le rentaba a Pemex las plataformas Fortius, Primus, Laurus, Decus e Impetus.

vos de la compañía, obteniendo por un lado, una medida cautelar para mantener los contratos vigentes entre Oro Negro y Pemex, con el pago originalmente pactado, y por otro, obtener una medida para que Oro Negro dejara de pagar las rentas a sus acreedores.

Una vez que se solicitó el concurso mercantil, derivaron ciertas consecuencias que, según Del Val, ya sabían que podrían ocurrir, tales como la remoción de los directores. Pero se desataron otras más que probablemente no habían previsto.

Al otro lado del mundo, las tres plataformas, Vastus, Supremus y Animus, que habían mandado construir en Singapur, se tornaron otro problema, ya que Oro Negro se había comprometido a pagar por ellas un anticipo de 125 millones de dólares y liquidar el saldo pendiente (625 millones) a la entrega de las plataformas.

La construcción de Supremus y Animus se había pedido en julio de 2013, también a PPL. Originalmente Supremus debía ser entregada el 30 de julio de 2015; Animus, el 30 de septiembre de 2015; y Vastus, en septiembre de 2015. Sin embargo, Oro Negro iba pidiendo que se retrasara la entrega.

En siete ocasiones Oro Negro le había solicitado modificar los contratos a PPL con la finalidad de prorrogar las fechas de entrega y establecer un plazo de espera o *holding period*.

Lo anterior debido a que no contaba con la liquidez para saldar los adeudos pendientes. Según la última modificación, la entrega sería en noviembre de 2017, lo cual tampoco ocurrió por la serie de procesos litigiosos. Así que PPL ejerció su derecho contractual a vender las plataformas a otros compradores y retener los anticipos realizados por Oro Negro.

Los ventarrones se habían tornado ya en huracán, porque, a partir del concurso mercantil, debido a los antecedentes de los incumplimientos con bonistas y los desencuentros en que se reclamaba falta de información, se desencadenaron los litigios en México, Estados Unidos y Singapur.

La tempestad legal tuvo muchos enredos. Por ejemplo, judicialmente se abrieron carpetas de investigación en contra de los directivos de Oro Negro. Pero también, ya metidas las autoridades locales de México en las operaciones contables, supuestamente encontraron operaciones contables con empresas "factureras", las llamadas EFOS.[4]

Es decir, supuestas compañías que, sin tener activos, personal, infraestructura o capacidad material para prestar bienes o servicios, emitían facturas para poder cobrar. Las también llamadas "factureras" que son consideradas una modalidad de defraudación fiscal.

---

[4] Empresas que Facturan Operaciones Simuladas.

Según las acusaciones, Gonzalo Gil junto con varios de los directivos de Oro Negro habían recurrido a ellas con la finalidad de expedir facturas falsas que luego usaron para lavar el dinero que sustraían de Oro Negro.

En tanto, en Singapur, el 28 de enero de 2018, las subsidiarias presentaron ante las cortes de ese país la solicitud para que se les otorgaran medidas cautelares suspensivas para que Integradora Oro Negro, Perforadora Oro Negro, Gil White, Alonso del Val y Guerra, en calidad de demandados, se abstuvieran de emprender cualquier acción ante las cortes de México en nombre y representación de Oro Negro Drilling y las subsidiarias de Singapur; o continuar cualquier solicitud de concurso mercantil o procedimiento similar en su representación.

Se adujo que el otorgamiento de poderes que se había dado a favor de la firma de Guerra había sido un intento de Integradora y Gil White por mantener el control de Oro Negro y las subsidiarias de Singapur.

El 30 de enero de 2018, la corte de Singapur otorgó las medidas cautelares solicitadas.

A finales de noviembre de 2019, esa corte de Singapur emitiría una sentencia mediante la que confirmó el otorgamiento de las medidas cautelares y decretó que Oro Negro y sus directivos no habían respetado ciertos requisitos corporativos que eran indispensables para que Oro Negro Drilling y las subsidiarias de Singapur se pudieran declarar en concurso mercantil.

En otro carril judicial, el 15 de marzo de 2018, las sub-sidiarias de Singapur habían presentado una demanda en cortes de Nueva York, con la finalidad de recuperar las cinco plataformas (caso N.1-18-cv-02301).

En contraparte, el 20 de abril de 2018, Oro Negro soli-citó a la Corte de Quiebras de Nueva York el inicio de un procedimiento (caso N.18-11094) para que ayudara en la administración de los activos o decretara medidas en bene-ficio de un deudor extranjero que se encontraba en un proceso de quiebra en otro país; es decir, la quiebra que se procesaba en México.

Luego, en otro paso dado por las subsidiarias de Sin-gapur, el 18 de junio de 2018, presentaron en México, ante la Fiscalía General de Justicia de la Ciudad de Méxi-co, una denuncia en contra de directivos de Oro Negro por posibles delitos de desvío de fondos (carpeta de inves-tigación CI864/2018). Se denunció, además, el posible delito de fraude procesal (CI187/2018) relacionado con el concurso mercantil.

Resultó que, derivado del concurso mercantil 345/2017, de Perforadora Oro Negro, se identificaron su-puestas inconsistencias en la administración de la empresa; entre estas, los gastos de administración y costos operativos, que eran muy elevados.

También se denunció que los recursos del fideicomiso F/1695 (detallado en páginas anteriores) que debían des-tinarse para el mantenimiento y operación de las plataformas no se aplicó debidamente, y que el dinero tampoco se distribuyó conforme a lo establecido en las reglas de operación:

[Gil White, Cañedo White, Williamson Nasi, Del Val Echeverría y Villegas Vargas,] en su calidad de coautores materiales, dispusieron indebidamente del dinero del fideicomiso F/1695, en el que Deutsche Bank México S. A., institución de banca múltiple, división fiduciaria, tiene la calidad de fiduciario y administrador y lo enviaron dolosamente a la persona moral Integradora de Servicios Petroleros Oro Negro S. A. P. I. de C. V. siendo que de acuerdo con el contrato de fideicomiso debían cubrir primeramente las rentas de las plataformas a las ofendidas (propietarios), y de acuerdo con los contratos de fletamento, no se autorizaba el pago y no tendría sentido que los propietarios pagaran cantidad alguna por concepto de mejoras o mantenimiento de las plataformas a Perforadora Oro Negro S. de R.L. de C.V.

ACUSACIONES ENTRE SOCIOS

Al parecer las alertas que desde los primeros años de operación de la compañía llamaron la atención de algunos de sus accionistas, y que los llevó a querer remover a Gil como CEO, no habían sido equivocadas.

199

Gonzalo Gil fue denunciado por administración fraudulenta y abuso de confianza, en agravio de sus accionistas, por más de 750 millones de pesos. Como coacusados estuvieron también José Antonio Cañedo White, Carlos Enrique Williamson Nasi, Miguel Ángel Villegas Vargas y Alonso del Val Echeverría.

Las subsidiarias de Singapur denunciaron ante la Fiscalía que Del Val solicitó que Oro Negro y las subsidiarias dieran inicio a procedimientos concursales a pesar de no contar con la autorización del director independiente, lo que en su consideración podría constituir un fraude procesal que tenía como finalidad inducir a error al juez concursal para que admitiera el concurso mercantil (número 395/2017).

De manera que el concurso mercantil solicitado por los directivos de Oro Negro hizo que se quedara al descubierto la manera tan atípica con que se operaba y administraba el consorcio.

Y detonó también la cascada de acusaciones que derivaron en demandas ante fiscalías y cortes de varios países promovidas por accionistas de Oro Negro, por los tenedores de bonos, personas relacionadas con los fideicomisos involucrados y por entidades constituidas en Holanda y Bermudas.

A las numerosas demandas siguieron apelaciones, recursos de revisión derivados de las sentencias de esos litigios llevados hasta los niveles más altos. En México, por ejemplo, ante la SCJN se presentó un recurso de revisión (54/2019) que terminaría por ser desechado.

La guerra interna entre accionistas y bonistas también llegó a tribunales. Uno de ellos, el juicio promovido en septiembre de 2019, por Oro Negro, Gonzalo Gil, José Antonio Cañedo, Carlos Williamson y Miguel Ángel Villegas ante la Corte de Quiebras de Nueva York, contra algunos tenedores de bonos.

En tanto que, en otro frente, esos mismos personajes junto con accionistas tenían bajo acusación también al Estado mexicano, como supuesto corresponsable de una conspiración en su contra, para demandarle una millonaria indemnización, bajo peculiares circunstancias que se explicarán en los párrafos siguientes.

La intervención de los espías

En 2017, cuando en Pemex se preparaban las modificaciones a los convenios con varios contratistas, Oro Negro aparentemente las aceptaría, pero, al parecer, solo buscaba ganar tiempo para la siguiente jugada.

Mientras que pretendían suspender las acciones legales que pudieran tramitar los bonistas, pusieron en marcha otra estrategia para demandarle al Estado mexicano un millonario pago al amparo del Tratado de Libre Comercio de América del Norte (TLCAN), el mismo acuerdo

comercial internacional que se impulsó en años del salinismo, cuando el padre de Gil White ya era funcionario
de ese gobierno.

En agosto de 2017, cuando supuestamente los directivos Pemex y los de la contratista estaban por admitir las
modificaciones a los contratos, Integradora comenzó a ser
asesorada por Quinn Emanuel, un connotado despacho
estadounidense. Y ese mismo mes, el CEO recurrió a la
contratación, a través de sus abogados, de un servicio de
investigación y trabajos de "alta inteligencia" para espiar
a directivos de Pemex.

La información que se obtuviera se usaría para denun-
ciar en cortes internacionales a funcionarios de Pemex
por supuestas mecánicas de sobornos y con la intención
de afectar directamente a la empresa.

Documentos contables a los cuales pude tener acceso
—y que publiqué como parte de una investigación periodística en *Aristegui Noticias*— revelaron que bajo la dirección de Gonzalo Gil White se contrataron, a través de sus
abogados, los servicios de investigación y de "alta inteligencia" de Black Cube, agencia privada operada por veteranos exagentes de inteligencia israelíes.

En la documentación está la "carta compromiso" entre
Black Cube y Quinn Emanuel, con fecha del 30 de agosto
de 2017, que ese mismo día Quinn Emanuel remitió a
Gonzalo Gil White, CEO de Oro Negro, por correo elec-

trónico, clasificada como información confidencial y apelando al privilegio entre cliente y abogado.

En el escrito, Black Cube se presenta como una firma de consultoría estratégica y de inteligencia empresarial establecida en Londres, Tel Aviv y París. Dueña de la marca en Israel, Estados Unidos, Reino Unido, Unión Europea, Hong Kong, Australia y otros países, especializada en encontrar soluciones para los retos empresariales y alcanzar una alta calidad, alta inteligencia y proveer a sus clientes una consultoría estratégica y guía.

También se presenta como un selecto grupo de veteranos de élite de inteligencia de Israel combinada con expertos legales, financieros y de los campos de información, análisis e investigación.

Para este caso, según la documentación, se contrató a la firma Black Cube para "investigar" mediante trabajo de alta inteligencia a directivos de Pemex, entre ellos, a José Antonio González Anaya, entonces director general; también al director corporativo de Finanzas, Juan Pablo Newman; al director corporativo de Administración, Carlos Alberto Treviño; al director de Procura y Abastecimiento, Miguel Ángel Servín Diago, y a otros empleados y exempleados del área de compras, cuyos nombres no se consignan. De todos ellos se obtendría información personal y profesional, incluyendo de los miembros de su familia, conocidos y asociados. También de competidores de Oro Negro.

El cliente, es decir, Oro Negro, proveería también toda la información que tuviera.

También se investigaría a los tenedores de bonos John Frederickson, Tor Olav Troim, Espen Westeren, Paul Leane, Fintech y ARCM. Y a los competidores de la compañía como Sea Drilling. Esto porque Oro Negro decía que, desde Pemex, se pretendía favorecer a Seadrill, competidor de esa empresa, no obstante que las modificaciones contractuales entre la petrolera y esa contratista también generó procesos litigiosos.

Según los documentos, el mismo 30 de agosto de 2017 Gonzalo Gil recibió los términos del acuerdo de los servicios contratados a través de la firma de abogados y, con carácter de confidencial, la carta compromiso que Black Cube habría remitido al mismo despacho como consejero de Integradora de Servicios Petroleros Oro Negro, en los que se detallaba el proceso de investigación y alcance de los servicios que Black Cube proveería.

Con esa información, se crearía un mapeo de individuos relacionados con el caso. Ese mapeo lo usarían para identificar a las personas, compañías o cualquier otra pieza a través de las cuales los llamados conspiradores habían orquestado su supuesto complot contra el cliente.

El objetivo central era que Black Cube proveyera servicios de inteligencia al cliente para detener y revertir —según sus dichos— la desventajosa posición de Oro Negro en el mercado petrolero mexicano, y asegurar las condiciones de sus contratos con Pemex y proteger su propiedad de Oro Negro.

Cabe señalar que públicamente Gonzalo Gil había comenzado a hablar de una "conspiración" de los directivos de Pemex contra Oro Negro.

Según el documento que se integró al expediente, Black Cube identificaría familiares, amigos, conocidos, empleados y cualquier persona que pudiera proporcionar información de los investigados o que pudiera tener conexiones directas con sus actividades y condujera a otros puntos de enfoque para recopilar más información.

Black Cube haría, además, un mapeo de todas las transacciones financieras relevantes de los investigados y de sus socios y otros individuos clave en el caso. Derivado de ese mapeo inteligente, Black Cube podría identificar los patrones de transacciones y las potenciales ligas profesionales y personales de los investigados.

Para el proyecto, Black Cube dedicaría un equipo de expertos de inteligencia operando en México, Estados Unidos, Noruega (recordemos que aquí es donde tiene su domicilio el fiduciario de los bonos de deuda emitidos por Oro Negro) y otros países que no se especificaron.

El equipo se formaría con un gerente con experiencia en este tipo de casos, analistas de inteligencia, analistas de negocios, expertos en ciberseguridad y *deep web*, expertos en operaciones de ingeniería social y asesores legales.

El equipo contaría con el apoyo de los directivos de Black en puestos clave en Israel y el extranjero, y expertos de las fuerzas de inteligencia israelíes, todos los cuales contribuirían desde su vasta experiencia y conexiones a lo largo del mundo.

El reporte final de proyecto se entregaría en un periodo de 60 a 90 días después de la firma del contrato, y tendría un costo de 300 mil libras esterlinas.

Pero, adicionalmente, en caso de que el trabajo de inteligencia producido por Black Cube se usara y como resultado Oro Negro llegara a un acuerdo con Pemex para obtener tarifas diarias más altas que las ofrecidas por Pemex, Black Cube recibiría un bono de un millón de libras esterlinas.

En el documento aparece como emisor el nombre del Dr. Avi Yanus, director de la agencia.

LOS TECNÓCRATAS ESPIADOS, CUÑAS DEL MISMO PALO

Esta de por sí enredada trama tiene una peculiaridad: precisamente el hijo de quien fuera un alto funcionario gubernamental en varios periodos contrató a una agencia extranjera para espiar a otros miembros de esa alta burocracia dorada.

Veamos la trayectoria de los funcionarios enlistados como blanco de la investigación que llevaría a cabo la agencia israelí:

José Antonio González Anaya, concuño del expresidente Carlos Salinas de Gortari, y el funcionario a quien Peña Nieto había designado para sustituir a Emilio Lozoya en la dirección de Pemex. Según su currículo, de mayo a noviembre de 2002 había fungido como coordinador de asesores en la Subsecretaría de Hacienda (cuando esta tenía como secretario a Francisco Gil Díaz), y de diciembre de 2002 a noviembre de 2006 fue titular de la Unidad de Seguros, Valores y Pensiones. Posteriormente, de diciembre de 2006 a agosto de 2010, fue titular de la Unidad de Coordinación con entidades federativas, también en Hacienda. Entre 2010 y 2012 fue subsecretario de Ingresos. Y en los años de gobierno de Peña Nieto fue director de Pemex, director del IMSS y secretario de Hacienda.

Juan Pablo Newman, director corporativo de Finanzas de Pemex entre enero de 2016 y enero de 2018, es un hombre cercano a González Anaya, con quien trabajó como titular de la Unidad de Crédito Público en la SHCP, cargo en el que estuvo de enero a noviembre de 2018. Antes había sido ya funcionario de Hacienda de febrero de 2009 a marzo de 2013 en esa misma área; y entre abril de 2013 y diciembre de 2015, en Nafin, como director general adjunto.

Carlos Alberto Treviño, quien en ese momento se desempeñaba como director corporativo de Administración y Servicios de Pemex —cargo que tuvo de marzo de 2016 a noviembre de 2017—, en el cambio de González Anaya a la SHCP, fue designado para sustituirlo como director general de la petrolera, de noviembre de 2017 a noviembre de 2018. Antes de llegar a Pemex tuvo a su cargo la Dirección de Finanzas del IMSS de diciembre de 2012 a enero de 2014.

Como Gil Díaz y González Anaya, Treviño había sido también funcionario del gobierno de Fox, ya que entre enero de 2001 y diciembre de 2004 fue director general de Planeación, Estrategia y Desarrollo Regional, así como de Innovación Gubernamental de la Presidencia.

También en ese mismo gobierno, en 2005, fue designado oficial mayor de la Secretaría de Energía; de 2005 a 2006, de la Secretaría de Economía; y en el segundo gobierno panista, en el calderonato, de 2006 a 2010, fue designado director de Programación y Presupuesto de la Subsecretaría de Egresos de la SHCP.

Miguel Ángel Servín Diago, otro de los objetivos, había sido funcionario también en altos cargos por lo menos desde el gobierno de Fox. Fue director general adjunto en la Dirección General de Gas Natural en la Comisión Reguladora de Energía de 2001 a 2009. De allí fue designado director general adjunto de Seguimiento Presupuestal en Hacienda, cargo que desempeñó hasta junio de 2011. Luego fue nombrado director general de Presupuesto y Adquisiciones en la SCT, y allí mismo se lo transfirió a la Oficialía Mayor en 2011 y 2012. Después el gobierno de Peña lo designó titular de la Unidad de Administración del IMSS; y finalmente llegó a Pemex junto con González Anaya.

LA SALIDA DE LAS PLATAFORMAS

En octubre de 2017, según versión de los entonces directivos de Pemex, ante la falta de respuesta de Oro Negro y la decisión de que Integradora y algunas subsidiarias fueran declaradas en concurso mercantil, Pemex notificó a Perforadora —la fletadora— la terminación anticipada de los contratos de la renta de las plataformas, y entre octubre y diciembre de 2017 comenzó su devolución.

Hasta junio de 2018 Pemex citó a Perforadora para firmar las actas de finiquito; pero, a decir de los entonces funcionarios, la contratista ignoró los citatorios.

Como parte de los últimos pagos que Pemex debía hacer por tales contratos, en septiembre de 2018 hizo un pago de 96 millones de dólares a favor de Deutsche Bank, en su calidad de cesionario de los derechos de cobro de los contratos.

El 21 de octubre de 2018, las subsidiarias de Singapur presentaron una querella ante las oficinas de la PGR en Ciudad del Carmen, Campeche (carpeta de investigación CI480/2018), señalando que Perforadora Oro Negro incumplió un mandamiento judicial que ordenaba la restitución de las cinco plataformas a su favor.

Después un juez penal ordenaría que los acreedores tomaran posesión de las cinco plataformas (que yacían en aguas del golfo de México). En respuesta Gonzalo Gil envió abogados para impedir la medida. Se ordenó tapar el acceso al helipuerto de cada una de estas y activar los cañones de agua en cada plataforma para que no pudiera descender helicóptero alguno.

No obstante, hasta la plataforma Decus pudo llegar el representante legal de las acreedoras junto con un elemento de la Agencia de Investigación Criminal (AIC) y uno más de seguridad privada.

Finalmente, en mayo de 2019 las plataformas salieron de territorio mexicano y fueron vendidas mediante subasta pública en Bahamas.

EL ARBITRAJE

Ya para entonces en tribuales internacionales procedía el arbitraje contra México que, al amparo del TLCAN, desde marzo de 2018, los directivos de Integradora y algunos de sus accionistas habían promovido. Quedó registrado en el expediente UNCT/18/4, "Alicia Grace y otros c. Estados Unidos Mexicanos", a litigarse en el Centro Internacional de Arreglo de Diferencias Relativas a Inversiones.

Conocedores del modelo de arbitraje internacional que en su origen se impulsó en el salinato, recurrieron a él para demandarle a México un millonario pago por lo que alegaban como afectaciones.

Trataron de acusar una supuesta expropiación bajo peculiares argumentos: "Los demandantes alegan que, a partir de 2015, Pemex indujo a Perforadora Oro Negro a aceptar la reducción de las tarifas de arrendamiento establecidas en los contratos y a suspender temporalmente algunos de ellos. Sin embargo, en 2017, Pemex, supuestamente de manera ilegal, decidió dar por terminados los contratos de manera anticipada", señala el expediente.

Denunciaron que los contratos fueron modificados y terminados debido a que Oro Negro se había rehusado a entregar sobornos a funcionarios de Pemex. Se acusó también que Pemex había otorgado un trato preferencial a competidores de Oro Negro, y que el Estado en colusión con tenedores de bonos de deuda buscaba sacar del mercado a la empresa.

Se alegó que las diversas modificaciones a los contratos y al final su cancelación eran para perjudicar a la empresa: una supuesta conspiración y colusión del Estado y los tenedores de bonos.

También que ello habría generado a la empresa la pérdida de las plataformas y los anticipos que había pagado para la construcción de tres más.

Los demandantes se dijeron poseedores del control de 43.2% de las acciones de Integradora, que a su vez controlaba 99.9% de Perforadora Oro Negro, con cinco plataformas marítimas de perforación que fueron arrendadas a Pemex.

Para el 15 de junio de 2018 tuvieron lugar las primeras consultas del arbitraje, y el 19 de junio se presentó la notificación formal del arbitraje contra México. Como ya se mencionó, los directivos de Oro Negro decían que la reducción de las tarifas derivaba de supuestas represalias por parte de funcionarios de Pemex al no ceder en sus peticiones de sobornos.

En julio, cuando en instancias mexicanas avanzaban las indagatorias judiciales en las cuales se iban identificando las supuestas irregularidades en el entramado empresarial, y ante cortes arbitrales había comenzado ya el procedimiento, los directivos de Oro Negro publicaron en *The New York Times* un desplegado en el que acusaron una "conspiración" por parte de directivos de Pemex y sus acreedores para acabar con Oro Negro y que Pemex había pedido sobornos a Oro Negro para mantener sus negocios.

Supuestamente se presentarían los audios donde se comprobaban esos intentos de soborno.

Tras la aparición del desplegado en el influyente diario estadounidense —retomado por la prensa mexicana—, Pemex requirió a Integradora y a Perforadora Oro Negro información sobre los supuestos actos de corrupción narrados en la notificación de arbitraje; en respuesta se comunicó a Pemex que no podían entregar copia de las grabaciones porque no las tenían en su poder.

Así que, el 23 de julio, Pemex, a través de su jurídico, presentó una querella "contra quien resulte responsable", ante la PGR, de los supuestos actos de corrupción señalados por Oro Negro.

El 15 se octubre del mismo año, nuevamente se publicó un desplegado, esta vez en la prensa mexicana, en el que se aludía una vez más a las grabaciones.

El tema de las grabaciones se comentó en la respuesta que presentó la defensa a nombre de México en el litigio arbitral. En este se dijo que los abogados decidieron retener esa información con la única finalidad de ofrecer las grabaciones como prueba junto con el escrito de demanda en el tribunal arbitral.

Y es que, luego de que en tribunales se presentara el escrito de notificación de la intención de demanda, una parte de esas grabaciones fue filtrada a medios de comunicación.

CONFLICTO HEREDADO

Sería hasta el año siguiente, en enero de 2019, cuando se constituyó el tribunal arbitral.

Los peculiares métodos mediante los cuales Black Cube obtenía información habían sido cuestionados en otras partes del mundo. Y tales polémicas fueron referidas por el Estado mexicano en su respuesta de denuncia en el litigio de arbitraje, en el que se señaló: "Las tácticas usadas por Black Cube con frecuencia involucran el uso de identidades falsas, la creación de sitios web de supuestos negocios, la divulgación de videos y páginas de LinkedIn".

También se señaló:

Black Cube se ha visto involucrada en esfuerzos para desacreditar a funcionarios que formaron parte de la administración del presidente Obama, influir en las elecciones de Hungría, obtener declaraciones vergonzosas de un juez canadiense a solicitud de una empresa que recibió un fallo desfavorable por parte del juez investigado, obtener "trapos sucios" de un crítico de la administración de Vladimir Putin y obtener información para tratar de desacreditar a denunciantes del productor Harvey Weinstein.

Respecto a la trama mexicana, en el litigio arbitral se revelaron detalles de la manera mediante la cual se obtuvo información: "Black Cube concertó citas en México, Londres y Nueva York con determinados individuos, en las cuales fueron grabadas sus conversaciones sin un consentimiento previo y bajo falsas premisas, con la única finalidad de índole negativa".

Respecto al *modus operandi* se detalló:

Simular ser representantes de inversionistas de Emiratos Árabes; encubrirse con identidades falsas y gestionar reuniones privadas, generalmente en restaurantes lujosos, cubriendo los gastos de alimentos y bebidas alcohólicas; manipular las conversaciones con los entrevistados alegando que los presuntos clientes de los agentes encubiertos buscaban invertir en México; manipular la discusión para forzar y obtener cualquier comentario que pudiera contribuir al objetivo del proyecto descrito en la carta compromiso de Black Cube.

En el litigio arbitral inicialmente se reclamaba una compensación de 270 millones de dólares, más los intereses de esta suma y cualquier costo y gasto asociado. Pero, dado que este se prolongó por varios años, pues se atravesó la pandemia de covid-19, los demandantes reclamaron que se les pagaran montos mayores debido al impacto de la pandemia.

En la defensa de México, se pidió que se desestimaran las grabaciones de Black Cube, ya que habían sido obtenidas a petición del demandante, aludiendo a que, en casos de controversia donde se han aceptado grabaciones, estas han sido obtenidas por personas ajenas a la controversia. Para el caso de la relación entre Black Cube con los contratantes habría, además, un interés económico.

Se argumentó también que, si las grabaciones de Black Cube hubiesen sido evidencia clara de un delito, estas tendrían que haberse presentado ante las autoridades mexicanas (FGR, SFP o la Unidad de Responsabilidades de Pemex).

Se destacó igualmente que el modelo arbitral se diseñó para inversionistas extranjeros, es decir, las compañías mexicanas no pueden presentar reclamaciones en materia de inversión internacional en contra de México, ya que son mecanismos para proteger capitales extranjeros.

En el litigio arbitral, los demandantes dijeron que funcionarios públicos de México periódicamente le exigieron sobornos a Oro Negro; que aquellos igualmente recibieron sobornos por parte de los competidores de Oro Negro, lo cual les había redituado un trato más favorable. Se acusó también que procuradores y jueces federales y de la Ciudad de México habían recibido sobornos para iniciar investigaciones y emitir órdenes de aprehensión en contra de individuos relacionados con Oro Negro (Gil White, Cañedo White, Williamson Nasi, Miguel Ángel Villegas, Cynthia DeLong, Gustavo Mondragón); que el Sistema de Administración Tributaria (SAT) había fabricado pruebas falsas, y que potenciales testigos de los demandantes habían sido intimidados.

Sin embargo, en el oficio que presentó para buscar acogerse al criterio de oportunidad, Alonso del Val dio una versión distinta:

En la última negociación con Pemex en la que se llegó al acuerdo satisfactorio referido participamos, por parte de Oro Negro, Gonzalo Gil White, el director de operaciones, el director de finanzas y el de la voz. Cabe mencionar que durante las negociaciones de los contratos con Pemex para la reducción de las tarifas, hasta donde es de mi conocimiento, no le fue solicitado a Oro Negro ni a ninguno de sus administradores o empleados soborno alguno por parte de algún funcionario de Pemex como condición para mantener las tarifas o no cancelar los contratos.

A propósito del litigio arbitral, José Antonio González Anaya, en su declaración testimonial dijo:

En agosto de 2017 Oro Negro aceptó de forma escrita la propuesta de Pemex y únicamente requirió tiempo adicional para asegurar la aprobación de sus acreedores. El tiempo transcurrió y dejamos de tener noticias de Oro Negro. Semanas después, la Dirección Jurídica de Pemex tuvo conocimiento de que Oro Negro inició procesos legales para declararse en concurso mercantil. Debido a esta situación, Pemex dio por terminados los contratos de Oro Negro.

Por su parte, Carlos Treviño, a propósito del litigo de arbitraje internacional, también declaró:

Nunca se llegaron a formalizar los convenios modificatorios. Mantuve contacto con Gonzalo Gil vía telefónica y a través de WhatsApp para entender lo que sucedía. Gonzalo Gil me aseguró que Oro Negro firmaría los convenios modificatorios. No recuerdo con exactitud, pero a partir de mediados de septiembre de 2017 dejé de tener contacto con Gonzalo debido a que simplemente dejó de atender mis llamadas y mensajes de WhatsApp. Su actitud me dio a entender que Oro Negro en realidad nunca buscó firmar los convenios modificatorios.

En la respuesta del gobierno de México se señaló: "Este caso es un claro ejemplo de una demanda frívola y abuso del mecanismo inversionista-Estado previsto en el TLCAN por parte de unos supuestos inversionistas estadounidenses, liderados por demandantes mexicanos, que buscan obtener indebidamente una compensación a la cual sencillamente no tienen derecho".

Los argumentos de defensa que a nombre de México presentaron sus representantes fue que los integrantes de esa compañía habían sido "víctimas de sus propias y malas decisiones financieras y de conducir sus negocios de manera arriesgada en un momento en el que el mercado energético enfrentaba una grave crisis a nivel internacional y nacional".

Se explicó que la cancelación de los contratos había estado más que justificada por la difícil situación que enfrentaba Pemex y la industria petrolera en general; que la pérdida de las plataformas fue más bien consecuencia de los incumplimientos de Oro Negro con los tenedores de bonos por su decisión de solicitar una declaración de concurso mercantil; que la pérdida de los anticipos pagados a PPL (el astillero) para la construcción de tres nuevas plataformas se explicaba por la imposibilidad o renuencia de Oro Negro a formalizar su entrega o realizar el pago final de 625 millones de dólares, cuando el mercado petrolero enfrentaba un mal momento y Oro Negro no tenía acceso al financiamiento necesario por lo precario de su situación financiera.

En su respuesta de demanda el gobierno mexicano consideró también que el arbitraje se estaba usando como una táctica adicional para obtener una ventaja frente a los tenedores de bonos.

Más allá de si se registraron o no los supuestos intentos de soborno de los que hablaban los directivos de Oro Negro, o si, como planteaba el exdirectivo Del Val en su condición de testigo colaborador, se trataba de una estrategia, una de las razones para demandar al Estado mexicano y solicitar la millonaria indemnización tenía que ver con que Pemex es de su propiedad. Sin embargo, con la Ley de Petróleos Mexicanos, derivada de la famosa reforma energética impulsada por Peña Nieto, y avalada por la entonces mayoría priista y panista en el Legislativo, se había dispuesto que los contratos celebrados por Pemex y sus contratistas tenían una naturaleza privada y se regían por la legislación mercantil o civil.

PRÓFUGOS DE CUELLO BLANCO

Las pesquisas de las autoridades en México derivarían en que en julio de 2019 se emitieran órdenes de aprehensión en contra de Gil White, Cañedo White, Del Val, Williamson Nasi y Villegas; estos, a su vez, promovieron juicios de amparo contra las ordenes de aprehensión.

El 12 de agosto de ese mismo año la Fiscalía de Ciudad de México, a través de la FGR, solicitó a la Interpol la emisión de fichas rojas en contra de cada uno de ellos. Para tal efecto, la fiscalía remitió la documentación relacionada con las órdenes de aprehensión que un juez habría librado; además de fotografías de los imputados, y algunos datos para su identificación y localización.

De la información que se remitió fue que Gonzalo Gil tiene residencia en Estados Unidos, y que reportó una salida de Miami hacia Madrid en mayo de 2019 y de regreso a Estados Unidos en junio de 2019. Que Cañedo también cuenta con residencia en Estados Unidos, y que reportaba viajes entre las ciudades de Houston, Texas a Miami los días 26 y 27 de julio de 2019. Se precisó también direcciones y números telefónicos. De Williamson se reportó que ingresó a Miami en julio de 2019 procedente de Madrid.

De Alonso del Val, que tenía una visa americana de negocios B1 vigente, y que el 14 de julio de 2019 salió de Ciudad de México en un vuelo de Delta Airlines.

Para finales de mes, Del Val fue detenido en el Aeropuerto Internacional de la Ciudad de México y trasladado al reclusorio. Solicitó entonces acogerse a un "criterio de oportunidad" y evitar la acción penal en su contra, para lo cual presentó una declaración en la que habló del teje y maneje en Oro Negro. El 1 de septiembre, en la audiencia inicial, se declaró que estaría en resguardo domiciliario hasta que se determinara su situación. Dos días después, el 3 de septiembre, ratificó su declaración escrita, y el 5 de septiembre la Fiscalía solicitó al juez suspender la acción en contra de Del Val, conforme al criterio de oportunidad que le había sido otorgado. Del Val, asimismo, desistió de los amparos que había promovido.

En su relatoría Alonso Del Val, quien fungió como director jurídico de Oro Negro, indicó que Gonzalo Gil era quien tomaba las decisiones de qué hacer con los recursos recibidos.

Dos meses antes de que Del Val buscara acogerse al criterio de oportunidad, y un mes antes de que se solicitara la ficha roja para la búsqueda y captura de los principales directivos de Oro Negro, en junio de 2019, Banamex, en su calidad de accionista, le solicitó al juez concursal acceso a los expedientes de los concursos mercantiles e intervenir en ambos juicios.

El juez segundo de distrito en materia civil de la Ciudad de México solicitó al síndico encargado del concurso, Fernando Pérez Correa, la elaboración de un informe detallado de toda la documentación que lograra obtener de la contabilidad de Oro Negro en relación con los gastos legales con el proveedor Quinn Emanuel Urquhart & Sullivan.

El resultado fueron cinco carpetas digitales comprimidas con estados de cuentas, facturas y comprobantes de transferencias al despacho. De las facturas pagadas se identificaban como International Litigation Options, Investigation, Oro Negro Dispute Investigation, Oro Negro Chapter 15.

El 14 de junio de 2019, la Procuraduría Fiscal Federal (PFF) presentó una querella ante la FGR contra Gil White y Cañedo White por posible evasión fiscal (carpeta de investigación FED/SEIDF/UEIFF-CDMX/0000997/2019 simplificada como CI 997/2019). Lo anterior derivado de que en abril de 2019 había concluido que la contribuyente Integradora de Servicios Petroleros Oro Negro S. A. P. I. de C. V. omitió enterar el ISR correspondiente al año 2014 por 10 millones de pesos.

Así que, en septiembre de 2019, la fiscalía nuevamente le pidió a la Interpol su colaboración para ubicar a Gil White y sus socios.

Mientras se mantenían evadidos de las indagatorias judiciales en el país con tan delicadas acusaciones, al mismo tiempo buscaban que, a través del proceso presentado en el tribunal arbitral internacional, el Estado los compensara económicamente.

La primera orden de captura contra Gil se emitió en julio de 2019, por supuesto abuso de confianza y supuesta administración fraudulenta de más de 750 millones de pesos.

La segunda se libró en noviembre de ese mismo año, derivada de la carpeta de investigación CI-FDT/T/UI-

1S/D/00774/09-2019 y la causa penal 12/1143/2019, por el delito de administración fraudulenta y abuso de confianza.

En agosto de 2020 un juez de control de la Ciudad de México ordenó la tercera orden de captura contra Gil por presunta responsabilidad por abuso de confianza.

En 2021 se emitió otra orden de aprehensión, derivada de que, en septiembre de 2018, cuando la empresa ya estaba en concurso mercantil (ante el juez segundo de distrito en materia civil en la Ciudad de México), Gil y Villegas habían solicitado más de 251 millones de pesos de la masa concursal para supuestamente pagar el IVA que se había generado de las facturas de servicios que le prestaron a Pemex cuando la empresa aún operaba.

Pero, una vez que obtuvieron dichos recursos, solamente pagaron 90 millones de pesos, por lo que supuestamente habrían dispuesto indebidamente de los otros 161 millones.

Según la acusación, ambos ocultaron que la empresa contaba con un saldo a favor ante las autoridades hacendarias.

Por lo anterior, el 25 de mayo de 2021, un juez de control de México emitió otra orden de aprehensión contra Gonzalo Gil por el delito de abuso de confianza. Este interpuso un nuevo amparo que le fue negado el 10 de noviembre de 2021, y la negativa fue confirmada de manera definitiva, en marzo de 2022, por el tribunal colegiado ante el que había acudido para su revisión.

El 20 de octubre de 2021, una solicitud de amparo que llegó hasta la Suprema Corte de Justicia fue desechada por la Primera Sala.

Así fue como el flamante CEO de Oro Negro y sus principales directivos pasaron de las páginas de *Forbes* a las fichas rojas de la Interpol.

Hacía apenas unos años, esos descendientes de la alta burocracia dorada habían creado un entramado financiero que parecía imparable, quizá confiados de un particular modelo de negocio: información privilegiada (como parte de las conversaciones entre directivos de Pemex y de la contratista que salieron a relucir durante el litigio arbitral), influencias, contratos seguros, etcétera. Pero, a veces, de tanto morder, la serpiente termina por devorar su propia cola.

En enero de 2022, con los principales socios en calidad de prófugos, una esquela publicada en el periódico *Reforma*, con el logotipo de Axis, daba cuenta del fallecimiento de Carlos Enrique Williamson Nasi. José Antonio Cañedo, Gonzalo Gil "y todo el equipo de Grupo Axis" firmaban las condolencias.

El litigio arbitral continuaba su curso, y las fichas rojas de la Interpol se mantenían vigentes.

Milton Friedman, uno de los ideólogos del neoliberalismo y docente en la Escuela de Economía de Chicago.

Margaret Thatcher, primera ministra del Reino Unido (1979-1990). Bajo las directrices del neoliberalismo, la llamada *Dama de Hierro* incentivó la privatización de paraestatales en su país.

El dictador Augusto Pinochet. Bajo su régimen Chile se volvió el "laboratorio" del neoliberalismo en la región.

José López Portillo, un sexenio más de excesos, derroche, dispendio de los recursos públicos y crisis, que precedió a la ola privatizadora de las paraestatales.

Miguel de la Madrid. En su sexenio inició la privatización, desincorporación y extinción de centenares de empresas propiedad del Estado.

Carlos Salinas de Gortari, férreo promotor de las privatizaciones, cuyos beneficiarios fueron empresarios vinculados a su régimen, incluido el polémico Raúl Salinas, llamado por la prensa *El Hermano incómodo*.

Ernesto Zedillo, cuyo legado es la estratosférica y multimillonaria deuda Fobaproa.

Vicente Fox Quesada, primer presidente emanado del PAN. En su administración se dio continuidad al debilitamiento de las empresas públicas para favorecer a particulares. Se impulsaron también los esquemas de *outsourcing* y subrogaciones.

Felipe Calderón, un gobierno de subrogaciones, subcontrataciones y el artero desmantelamiento de las paraestatales del sector eléctrico.

La violenta ocupación policiaca de las instalaciones de la emblemática Luz y Fuerza del Centro, que precedió a su extinción por decreto calderonista.

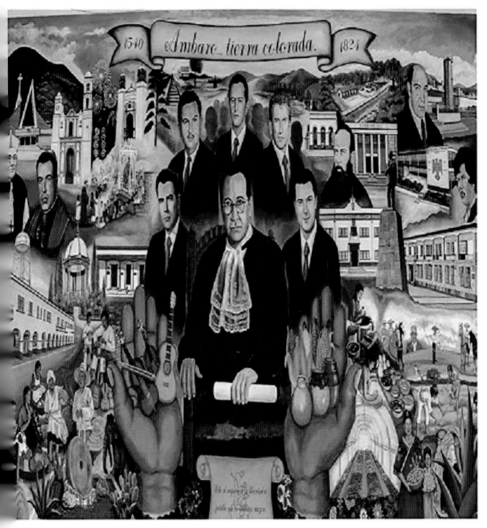

Fragmento del mural *Ambaró, Tierra Colorada*, interior del Palacio Municipal de Atlacomulco, Estado de México. Al centro los políticos priistas que se identifican como parte del llamado Grupo Atlacomulco.

El "nuevo PRI" en el gabinete peñanietista, promotores de las denominadas *reformas estructurales*… más privatizadoras… y saqueadoras.

Emilio Lozoya y Enrique Peña Nieto, derroche, frivolidad y quebrantos, con cargo al erario.

Francisco Gil Díaz, alto funcionario en los gobiernos priistas y secretario de Hacienda en el primer sexenio del PAN en la presidencia.

José Antonio González Anaya, director de Pemex en el sexenio peñanietista.

Gonzalo Gil, de la portada de *Forbes* a la ficha roja de Interpol.

7

Los cínicos sí sirven para este oficio

Los gobiernos emanados del PRI fueron los primeros en imponer las políticas que priorizan el interés privado sobre el público, aunque ese partido, en su Declaración de Principios, se asume como heredero del proceso revolucionario y "depositario del compromiso por expresar las grandes aspiraciones de la sociedad en programas e instituciones".

La prédica la usaban para su discurso y la práctica para su bolsillo, bajo aquella frase, su verdadera doctrina, de que "un político pobre es un pobre político". Así que, para no serlo, echaban mano de los recursos públicos. La ya clásica expresión se atribuye a Carlos Hank González, el profesor miembro del PRI que entre 1969 y 1975 gobernó el Estado de México, ya desde entonces el bastión principal de ese partido.

Hank González se describía a sí mismo como un profesor ingresado a la política y enriquecido a la sombra de esta, desde las prebendas en el mismo partido y durante el arribo a lo que debía ser la función pública (en diversos cargos que tuvo en los tres niveles de gobierno), que se tornó en provecho para privados y para el enriquecimiento personal, de amigos y de cercanos.

El "servicio público" en México perdió como tal su esencia, y fueron las excepciones quienes no buscaran o no usaron su empleo en el gobierno para hacer fortuna personal.

Históricamente se fue convirtiendo en un sinfín de políticos que, nacidos en cuna modesta, acabarían sus cargos "al servicio público" acaudalados, empezando por presidentes, gobernadores, secretarios de Estado, alcaldes, directivos de institutos y un largo etcétera.

Derivó también en la práctica en que los funcionarios con una mano ejercían como tal, y con la otra lo hacían como contratistas del mismo gobierno, de manera directa o mediante prestanombres; modalidad que se volvería una constante en todo nivel de gobierno y que replicaron funcionarios sin distingo de su filiación política.

Sin ser el único, pero al convertirse en el más significativo, el Estado de México es una muestra precisa, emblemática:

Hank fue uno de los hombres más poderosos del llamado Grupo Atlacomulco, una estirpe de políticos originarios del Estado de México, desde cuyo bastión controlaban el poder bajo las siglas del PRI. La fundación del grupo se le atribuye a Isidro Fabela, gobernador del Estado de México entre 1942 y 1945, cuyo rostro se muestra en un mural en las paredes del palacio municipal de Atlacomulco. La imagen representa una de las castas que en sus manos tuvo por décadas el manejo de todos los recursos públicos del país, a nivel local, estatal y, hasta Peña Nieto, en la presidencia.

A la derecha de Isidro Fabela aparece Alfredo del Mazo Vélez, su secretario de Gobierno y después gobernador (1945-1951); después está Salvador Sánchez Colín, también exgobernador; luego Alfredo del Mazo González (1986-1988), el segundo de ese linaje que gobernaría la entidad (el tercero sería Alfredo del Mazo Maza —2017-2023—, cuya administración ha sido una de las más grises y desastrosas); luego Arturo Montiel (1999-2005); y después su sobrino Enrique Peña Nieto (2005-2012), el primer gobernador de esa casta que llegó a la silla presidencial, aspiración de esta estirpe política. El propio Hank González lo había deseado. Aunque tenía la protección y la complicidad de los presidentes en turno, dado que era hijo de padre no mexicano (inmigrante alemán), las leyes de esos años se lo impedían.

Se hizo casi tradición que el arribo a las gubernaturas estatales fuera sinónimo de negocios personales; y gobernador, de especie de virrey.

De norte a sur, las entidades del país han estado gobernadas por este tipo de figuras, enriquecidas del presupuesto destinado a la entidad bajo su mando, mediante diversos esquemas. Algunos de los más usuales: la asignación de contratos para obra pública, servicios o adquisiciones a empresas personales operadas por prestanombres, o empresas de compadres, familiares, amigos; hasta llegar a la recurrente utilización de empresas "fantasma", cuyas contrataciones jamás se cumplen; es decir, es mera simulación para el saqueo de recursos.

Para tener mayor margen de operación de recursos sin suficiente rendición de cuentas muchos gobernadores fueron recurriendo también a los endeudamientos a largo plazo.

Herencia de gobierno: deudas a largo plazo

Endeudar a largo plazo el patrimonio se volvió una fórmula no solo aplicada para favorecer a las familias influyentes rescatadas en tiempos de crisis mediante artilugios en los cuales sus deudas privadas se socializaban. Al esquema anterior se sumó otra modalidad de usufructuar los recursos públicos con laxa rendición de cuentas: la bursatilización.

En la definición de la Bolsa Mexicana de Valores, que es la entidad ante la cual se han gestionado los mecanismos que a continuación se explicarán, la bursatilización es un proceso para obtener recursos mediante un fideicomiso, donde se destinan activos o flujos de efectivo futuros con el objetivo de realizar una emisión de valores; es decir, se consigue financiamiento anticipado teniendo como respaldo las cuentas por cobrar o flujos futuros.

Para los casos que se refieren aquí, los modelos de bursatilización por parte de los gobernadores se fueron haciendo con las transferencias federales o los impuestos locales.

Con la entrada en vigor, a partir de 2001, de la reforma a la Ley del Mercado de Valores, que derivó en la creación de un instrumento de deuda denominado "certificado bursátil", en diversas entidades, gobernadores impulsaron la bursatilización del dinero que la Federación transfiere cada año (las llamadas "participaciones federales"), al igual que de algunos impuestos locales, lo que se convirtió en una vía de recursos de manera inmediata, pero con sus correspondientes intereses y a largo plazo, es decir, heredando el compromiso a sus sucesores. Pero, además, en este mecanismo su operación mediante fideicomisos era menos fiscalizable o auditable, bajo el amparo del secreto fiduciario.

Los gobernadores vieron ahí una fórmula para obtener recursos a costa de comprometer financieramente a sus estados a largo plazo.

Gobernadores en diversas entidades usaron la bursatilización de manera cada vez más recurrente, aun cuando la Suprema Corte, en 2009 (a propósito de la revisión de la bursatilización que hizo el gobierno de Eduardo Bours en Sonora), señaló diversas irregularidades.

Como consecuencia de esta revisión, el máximo tribunal catalogó el mecanismo como inconstitucional, ya que formalmente la operación no era considerada deuda pública, o no se reconocía como tal, y, sobre todo, carecía de la debida transparencia en el manejo y destino de esos recursos.

Para ese momento ya 18 estados (es decir, más de la mitad de los gobernadores de todo el país) y muchos municipios aplicaban el mecanismo de la bursatilización, principalmente de los ingresos futuros de las participaciones federales del Ramo 28 ("Participaciones a entidades federativas y municipios"), y también de los impuestos sobre nómina (ISN) e impuestos sobre tenencia y uso vehicular (ISTUV).

Entonces, además del de Sonora, los gobiernos con mayores emisiones eran Veracruz, Nuevo León, Chiapas, Hidalgo, Michoacán, Oaxaca, Estado de México, Guerrero, Chihuahua y Sinaloa.

Tal arquitectura financiera, además, dificultó el proceso para su auditoría, lo que dio amplios márgenes discrecionales en el manejo de las finanzas públicas a estados y municipios, que decidían comprometerse a pagar intereses sujetos a los vaivenes de la inflación.

Como botón de muestra se detallará el caso de Veracruz, porque fue una de las entidades que a nivel estatal y municipal usó con mayor frecuencia este tipo de mecanismos. Su revisión nos permite explicar el impacto a las finanzas públicas.

Fue en tiempos de Fidel Herrera como gobernador cuando 199 de los 212 municipios entraron al esquema, en un programa estructurado por Javier Duarte de Ochoa, durante su paso como secretario de Finanzas y Planeación.

Hasta los alcaldes de municipios depauperados aceptaron comprometer sus ingresos futuros, asumiendo los altos intereses que han debido pagar, porque, además, una parte está considerada en UDIS (unidades de inversión, cuyo valor es variable ya que se referencia considerando el índice Nacional de Precios al Consumidor) y mientras mayor es la inflación más aumentan los intereses.

En 2021, el titular de la Secretaría de Finanzas y Planeación, José Luis Lima Franco, lo explicó en un video a través de Facebook. Habló de la complicada situación que han debido enfrentar los municipios debido a la bursatilización que se había concretado 14 años atrás, ya que, aun cuando todos los años subsecuentes estuvieron abonando, la deuda no reducía.

Explica:

14 años después de dicha emisión bursátil, que fueron cerca de mil 200 millones [de pesos], hoy los municipios de Veracruz deben mil 400 millones. Es decir, los municipios

del estado de Veracruz no han disminuido su deuda, al contrario, ha aumentado en más de 200 millones. Esto es porque tienen dos estructuras estas emisiones bursátiles: por una parte tienen una estructura hecha en UDIS, es decir, que el saldo de la deuda de los municipios se actualiza conforme la inflación, y por otra parte tienen una deuda muy alta porque las tasas de interés son muy elevadas, lo que hace que los municipios solamente hayan pagado intereses muy altos.

Sea cual fuere la manera en que se usaron dichos recursos que las autoridades obtuvieron anticipadamente, han sido, sin duda, muy costosos para la ciudadanía, ya que ahora mismo siguen altamente endeudados.

Como gobernador (2010-2016), Duarte dio continuidad a tal esquema. Recién asumido su cargo, con sus alcaldes también recién electos, a quienes presumía el apoyo que le tenía el presidente Peña, prometió: "Contarán con el apoyo inmediato de los recursos de la bursatilización para iniciar obras de infraestructura".

Solo por las referencias públicas sobre el desempeño de Duarte, quien se declararía culpable de lavado de dinero y asociación delictuosa, el lector puede darse una idea del uso que pudieron tener esos recursos públicos obtenidos por adelantado mediante el mercado de valores.

El endeudamiento, además, no significó ningún beneficio para la población.

Por ejemplo, entre 2008 y 2010, los niveles de pobreza en Veracruz incrementaron: de 51.2% de la población a 57.6% (38.8% en pobreza moderada y 18.8% en pobreza extrema).

Para el último año de gobierno de Javier Duarte (2016), ya se consideraba que 62.2% de la población vivía en niveles de pobreza, con base en cifras del Coneval.

La ASF detectó que millonarios recursos que habían sido transferidos desde la Federación principalmente para programas sociales, educación y salud para la población más vulnerable, no pudieron comprobarse.

De los malos manejos de su gobierno se estimaron multimillonarios desfalcos, ello en complicidad con su esposa Karime Macías, cuya implicación se tornó un escándalo al exhibirse los objetos de lujo que la pareja tenía, así como una libreta donde Macías escribía repetidamente aquella frase de "Sí merezco abundancia".

El desfalco lo maquinó la pareja en el gobierno, junto con funcionarios y empresarios que ejercieron como prestanombres para el diseño y operación de empresas fantasma usadas para estafar los recursos públicos.

Mediante diversos mecanismos, uno de ellos la triangulación de recursos a través de empresas fachada, a las cuales supuestamente se les asignaban contratos para obra públicas, adquisiciones o servicios que no se proveían, se expoliaron los millonarios recursos públicos de partidas presupuestales destinadas al estrato social menos favorecido. La consecuencia fue el fracaso en las políticas públicas encaminadas oficialmente a combatir la pobreza y el recrudecimiento de la desigualdad.

Duarte también se vería involucrado en supuestas transferencias de recursos para la campaña presidencial de Peña Nieto.

LAS DEUDAS DEL OTRO DUARTE

Otro polémico impulsor de la bursatilización fue el Duarte de Chihuahua, César, gobernador de 2010-2016, quien en este rubro en particular dio continuidad a la política económica de sus antecesores.

Un político con larga militancia en el partido tricolor, al que se afilió desde 1977, y bajo cuyas siglas se desempeñó como diputado federal en dos ocasiones y con el que llegó también a la gobernatura.

Los últimos meses de su gobierno impulsó la bursatilización por 6 mil millones de pesos, por los cuales obviamente los ciudadanos terminarán pagando cantidades cuantiosas debido a los compromisos financieros que se generan día con día, por lo menos durante 25 años, plazo al que se estructuró tal deuda, sumada a los casi 50 mil millones de pesos de deuda que ya enfrentaba esa entidad por bursatilizaciones anteriores.

Es el gobernador a quien autoridades fiscales le identificaron en México y Estados Unidos diversas cuentas bancarias y al menos 50 propiedades: inmuebles y extensos ranchos con animales exóticos, manadas de jabalíes, 30 bisontes, cinco llamas y un numeroso ganado, incluidas 450 reses provenientes de Nueva Zelanda que su gobierno había adquirido mediante programas sociales supuestamente para los pequeños ganaderos del estado.

La Auditoría Superior del estado identificó irregularidades millonarias.

Las prácticas corruptas que se le atribuyen no eran ajenas a su partido, ya que también se identificó que parte de ese dinero fue a parar a las campañas electorales del PRI mediante la llamada "Operación Safiro".

En tal operación política se usaron nuevamente empresas fachada para triangular los recursos públicos a las campañas del tricolor en diversas entidades.

El último año al frente del gobierno de Chihuahua, Duarte dispuso de millones de pesos en financiamientos de los que, según la Auditoría Superior, "no fue posible identificar el destino y aplicación de los recursos" con la información que le fue proporcionada para la auditoría.

Luego, cuando su sucesor Javier Corral pusiera en marcha lo que denominó "Operación Justicia" para Chihuahua, para indagar y sancionar el cúmulo de ilegalidades y delitos cometidos por Duarte y su administración, según las investigaciones, se cuantificaron más de 6 mil millones de pesos desviados del erario mediante diversas modalidad.

César Duarte fue formalmente acusado de peculado y asociación delictuosa. Permaneció en Estados Unidos hasta que se concretó su detención y después su extradición a México en junio de 2022, y finalmente fue encarcelado en un penal de Chihuahua.

Aun en prisión el trato continuó siendo privilegiado, si nos atenemos a lo que documentaron diversos medios de comunicación respecto a las atenciones que le ha brindado el gobierno de María Eugenia Campos.

A la panista se la relacionó con la llamada "nómina secreta" de Duarte como una de sus beneficiarias.

Y encima, de manera insólita, a finales de 2022 se encarceló al fiscal anticorrupción Francisco González Arredondo, quien había coordinado la llamada "Operación Justicia" para Chihuahua, y quien indagó los desfalcos y malos manejos de Duarte. Se le acusó de supuesta tortura psicológica, pero sus acusadores eran funcionarios que trabajaron con César Duarte, vinculados en su red de corrupción. En marzo de 2023 se le excarcelaría, después de que un juez le modificó la medida cautelar de prisión preventiva para llevar el proceso en libertad.

Luego, a principios de abril de 2023 ocurrió otro hecho de muy alta relevancia en el caso Duarte: Antonio Tarín, el operador financiero del exgobernador se suicidaría al arrojarse de un puente vehicular en Chihuahua.

Se trataba de una persona clave en las operaciones irregulares mandatadas por Duarte. En su gabinete lo designó primero como director de Administración y Finanzas del Instituto de Salud, luego como director de Adquisiciones y Servicios de la Secretaría de Hacienda del estado. Tarín se encontraba bajo proceso judicial con cargos de peculado, portaba un brazalete electrónico como medida para llevar su proceso en libertad. En tal condición ocurrió su muerte.

Esta se sumaba al asesinato de Gamboa (ocurrido en mayo de 2020), cuyos manejos como funcionarios públicos (uno a nivel estatal y el otro federal) los vinculaba la llamada Operación Safiro, en la que disfrazaron con operaciones hacendarias y transferencias entre la federación (con el gobierno a cargo del PRI) a los estados, las maniobras para desviar recursos a las campañas del tricolor en diversas entidades. Apenas días atrás, en la última sesión del INE encabezada por Lorenzo Córdova, ese organismo aprobó cerrar las investigaciones contra el PRI por los supuestos financiamientos ilegales en la Operación Safiro, y el relacionado con Odebrecht achacando la negativa de la FGR a proporcionarle la información solicitada.

Independientemente del alcance de los procesos judiciales contra Duarte y sus cómplices, y el destino que tengan los activos y recursos que ilegalmente amasó, los ciudadanos de Chihuahua continuarán endeudados.

El caso de los dos Duarte no era excepción, sino la expresión más abierta, a través de quienes se autonombraron "el nuevo PRI", del modelo de gobernar de la estirpe política.

MODUS OPERANDI DE LA CLEPTOCRACIA

El saqueo de recursos por quienes han gobernado las entidades federativas cual virreyes, dilapidando recursos públicos, generó excesos como los del caso de Andrés Granier, gobernador de Tabasco (2007-2012), quien sin empacho presumía de sus más de 400 pares de zapatos y más de mil camisas "de marca". Fue vinculado judicialmente como responsable de peculado, desvío de recursos y defraudación fiscal, con un daño patrimonial estimado en más de 5 mil millones de pesos.

A lo largo de los años se fueron diversificado los mecanismos para el desvío y robo de recursos y se intensificó el uso de empresas fantasma, que acaso existían en papel, es decir, se creaban en registros públicos, pero sus socios o fundadores en realidad eran empleados de los verdaderos operadores de esas sociedades comerciales, o incluso personas cuya identidad había sido usurpada o difuntos.

Una vez creadas tales empresas, estas recibían contratos de obra o servicios gubernamentales. Pero la mayoría de esas obras y servicios no se realizaban. Es decir, indistintamente de los mecanismos utilizados para los devíos, ese dinero público era el que debía canalizarse a la población en atención y servicios de salud, educación, programas sociales, obra carretera, entre otros, así que la no aplicación resulta de mayor lesividad.

También se usaban empresas creadas exprofeso para emitir facturas, como ya se explicó, obviamente sin que existieran tales servicios o tales obras de por medio; las ya mencionadas factureras.

La bursátil es una de cuatro vías para obtener recursos adelantados (las otras son a través de créditos en la banca múltiple, créditos en la banca de desarrollo y fideicomisos). Esta modalidad representaba, en 2022, para los estados deudores, 7.6% de sus deudas. Para ese mismo año, las entidades más endeudadas por bursatilización eran Chihuahua, Estado de México, Nuevo León, Chiapas y Veracruz.

A nivel de país, la deuda que tenía cada entidad federativa representaba, en promedio, para los ciudadanos, unos 4 mil 816.30 pesos. Pero, si se desagrega el dato, hay entidades donde, en promedio, la deuda es mayor por cada habitante: Nuevo León, 15 mil 034.10 pesos por persona; Chihuahua, 13 mil 255.90 pesos por persona; Quintana Roo, 12 mil 804.10 pesos por persona; Coahuila, 11 mil 762.50 pesos por persona; Ciudad de México, 10 mil 322.70 pesos por persona; Sonora, 9 mil 356.30 pesos por persona; Baja California, 6 mil 662.80 pesos por persona.

En términos generales, las entidades con mayor nivel de deuda, sumando todos los rubros citados, para 2022 eran Quintana Roo, Chihuahua, Chiapas, Coahuila, Nuevo León, Veracruz y Nayarit.[1]

EL DIABLO ESTÁ EN NAYARIT

En Nayarit, una de las administraciones más polémicas, en la que también se señaló un manejo opaco e irregular de sus funcionarios, fue la de Roberto Sandoval, otro llegado a la gubernatura bajo las siglas del tricolor. Entre 2011 y 2017, durante su mandato, acumuló propiedades, ganado, así como muchos bienes materiales e inmuebles.

Las autoridades lo acusaron por operaciones con recursos de procedencia ilícita. Además, las de Estados Unidos, por recibir sobornos de organizaciones criminales, particularmente del Cártel Jalisco Nueva Generación (CJNG), grupo de la delincuencia organizada que alcanzó amplia expansión y poderío desde los años de la administración de Peña Nieto, cuando varias entidades tuvieron al frente de su gobierno a políticos que se autodefinieron como parte del llamado "nuevo PRI".

---

[1] Según datos contenidos en un informe fechado en junio de 2022, elaborado por el Centro de Estudios de las Finanzas Públicas de la Cámara de Diputados.

LOS CÍNICOS SÍ SIRVEN PARA ESTE OFICIO

En su administración, Sandoval propuso como flamante primer fiscal a Édgar Veytia, el compadre con quien en la práctica ejercería un cogobierno, a partir de la importancia que tendría el cambio de las procuradurías a fiscalías, dotándolas de mayores atribuciones y recursos públicos.

Veytia había trabajado para él por lo menos desde sus años como alcalde en el ayuntamiento de Tepic (2008-2011), donde fue director de Tránsito y Vialidad.

Valga hacer un paréntesis de la importancia del cargo que ejercería su compadre en el contexto de impulso a las primeras fiscalías supuestamente autónomas.

A finales de los años noventa comenzó a plantearse la necesidad de dotar a las procuradurías —a nivel estatal y federal— de autonomía. Se buscaba que estas instancias del Poder Ejecutivo, que en su encomienda tienen la investigación y esclarecimiento de delitos, procuraran una justicia eficaz, efectiva, y que realmente contribuyeran a fortalecer el Estado de derecho, mediante el combate a la inseguridad y la prevención del delito.

Que desempeñaran con diligencia sus funciones, y no como espada de Damocles o con fines políticos y arbitrarios ("Justicia y gracia para los amigos, y para los enemigos la ley a secas").

Con el antecedente de altísimos niveles de impunidad en el combate y prevención del delito: 93% de los delitos no eran denunciados, con tal de no tener que enfrentar ese aparato burocrático, revictimizante e incapaz de dar soluciones en que se convirtieron las procuradurías, al punto de que solía tratarse a la víctima denunciante como victimario o delincuente.

Se pensaba que el remedio a esos males de deficiente procuración de justicia estaba en la "autonomía" (modelo ya encaminado en otros países), bajo estándares internacionales. Una a una, mediante reformas a las leyes estatales y a nivel federal, fue fructificando esa idea de "autonomía" para las fiscalías. Sin embargo, al paso de los primeros años, se fue evidenciando que dotar a estas instancias de independencia presupuestal, técnica y operativa no se traduciría en un mejor desempeño como tampoco en una procuración de justicia en todo el sentido de la palabra, mucho menos en el combate efectivo a la corrupción y a la impunidad.

Y es que esos primeros fiscales pronto se convirtieron en emblema de compadrazgo, colusión y corrupción.

Uno de los casos más representativos fue precisamente el de Nayarit, en tiempos de Sandoval, entidad en la que en 2013 se aprobaron reformas en el Congreso para darle a la Procuraduría estatus de Fiscalía y autonomía.

El 11 de febrero de 2013, Sandoval le envió al Congreso la propuesta para que se designara a Veytia como fiscal general de Nayarit para los siguientes siete años. Se decía que Veytia, ya como subprocurador en la entonces Procuraduría del estado, había "enfrentado grandes retos en materia de combate a la delincuencia", en esa entidad que atravesaba altos índices de criminalidad y en la que se observaba "poca eficacia de las autoridades encargadas de otorgar seguridad y procurar justicia"; se encargaría, pues, de la reingeniería de esa institución para hacer frente a la delincuencia.

Pese a que las quejas en su contra como funcionario público databan de su desempeño como director de Tránsito y Vialidad en el ayuntamiento de Tepic (septiembre de 2008 a agosto de 2009), y luego como secretario de Seguridad Pública del mismo municipio (2010-2011), aquel febrero de 2013 se lo vio tomando protesta para un cargo transexenal.

Un mes después de que de facto se lo blindara como el segundo hombre más poderoso en la entidad, sellarían el compadrazgo cuando Roberto Sandoval y su esposa, Ana Lilia López, se convirtieron en padrinos de 15 años de su hija Olimpia Veytia Cambero.

En la fiesta, además de los padrinos, estuvieron los abuelos maternos, Alicia Monroy Lizola y Agustín Cambero Vizcaíno, identificados como una de las familias más acaudaladas de Compostela, priistas en la entidad que promovieron y coordinaron regionalmente la campaña de Sandoval al gobierno del estado. La hija de Monroy y Cambero, Olimpia Cambero Monroy, es la esposa de Édgar Veytia.

La familia política había extendido ya sus negocios a la par de sus cotos de poder a través de su militancia en el

PRI: en las elecciones intermedias de 2014, Alicia Monroy llegó por segunda ocasión al cargo de presidenta municipal en Compostela, para el periodo 2014-2017.

Monroy está afiliada al PRI desde 1964. Fungió como representante del tricolor en las elecciones de los años 1966, 1968, 1970, 1971 y 1975. Entre 2001 y 2003 fue por primera vez alcaldesa de Compostela. Su esposo, Agustín Cambero Vizcaíno, fue diputado local del PRI de 1993 a 1996.

A la par de su cargo público, Veytia y su familia fueron creando empresas en giros de transporte, agrarios y del giro restaurantero, en México y Estados Unidos.

Por ejemplo, en 2006 creó la empresa Operadora de Pasajes y Turismo, SA de CV, en Compostela, con Edgar Veytia como administrador único y entre los accionistas él mismo y su esposa Olimpia Cambero. En una sesión, que —según los datos registrados ante el Registro Público de Comercio— habría tenido lugar en diciembre de 2016, Veytia le habría cedido sus acciones a su esposa e hijo, y habría dejado la administración de la empresa, para que esta quedara a cargo de su esposa.

En noviembre de 2015, en Chula Vista, California, se registró también la compañía Veycam Inc., a nombre de Olimpia Veytia, como presidenta.

Los negocios familiares, además del transporte, están en otros giros comerciales. Entre ellos, a nombre de Olimpia Cambero Monroy aparecía una licencia para operar un bar en Compostela. También una empresa llamada Diversiones Oly, una casa de juegos.

Gracias a su compadre Sandoval, Veytia se convirtió en el segundo hombre más poderoso en Nayarit, pero también en uno de los más temidos, y no precisamente por buenas razones.

Deseoso de construirse una imagen de "héroe", mandó componer un corrido que trataba de atribuirle dotes de combate en medio de una guerra, idea con la que buscaba distraer del saqueo de recursos que hacía en esa entidad, y del terror que ejercía a la par con sus negocios en el narcotráfico, auspiciado y con la complicidad de su compadre el gobernador.

Nayarit era un campo de guerra,
metro a metro muertos por montón,
un milagro ocupaba esta tierra,
que del cielo mandara el Señor.

Édgar Veytia se llama el milagro,
que la tranquilidad regresó,
arriesgando la vida ha logrado,
que la gente se sienta mejor,
percibiendo un estado tranquilo,
y por eso doy gracias a Dios.

Mucho se habla de este hombre valiente,
que llegó como procurador,
como un héroe lo mira la gente,
porque aplica la ley sin temor.
El terror de cualquier delincuente,
Édgar Veytia se llama el señor.

Te lo juro jamás había visto,
eso sí lo puedo asegurar,
licenciado con pistola en cinto
y buenísimo para disparar,
con un cuerno y el rostro sereno,
una noche allá en el Pedregal.

Una nueva reforma se ha dado del Congreso aquí en la capital,
resultado le ha dado al estado en materia de seguridad,
senadores y los diputados reconocen su capacidad.
A Roberto siempre ha respetado porque Veytia es un hombre cabal,
su confianza le ha depositado porque nunca lo va a defraudar,
y su gobierno lo ha designado por mandato fiscal general

Así dice el corrido de quien se hacía llamar el "Milagro" de Nayarit, acompañado de imágenes que lo emulaban como "el salvador". Lo compuso el grupo Enigma Norteño.

El mismo Veytia nutría su mito. Se decía sobreviviente de seis atentados. En uno de ellos, como subprocurador de

Justicia de Nayarit, Veytia sobrevivió a un ataque que duró 20 minutos. La versión oficial dice que en el ataque se usaron fusiles AK-47 y AR-15.

Deseaba construirse una mítica imagen para enmascarar los graves problemas de inseguridad en esa entidad, pero en realidad ejercía con la mano dura que le reivindicaba el sobrenombre con que el resto lo conocía: *el Diablo*.

Ya tenía los negocios de transporte, y ya tenía uno de los cargos con mayor poder en esa región, pero la codicia no tuvo límites.

Se hablaba de amenazas, extorsiones y despojos por parte del fiscal. Como secreto a voces se conocían las detenciones extrajudiciales, los secuestros y las instalaciones policiacas usadas como centros de tortura.

Convertido Nayarit en refugio histórico de narcotraficantes sinaloenses, se dijo que Veytia favoreció a Los Zetas, que llegaron a disputarle al Cártel de Sinaloa su coto de operaciones en toda la ribera nayarita; luego, protegió a los lugartenientes del Cártel de los Beltrán Leyva y al Cártel Jalisco Nueva Generación.

El escándalo lo seguía de cerca.

Tras el abatimiento de Juan Francisco Patrón Sánchez, el H2, se supo que el presunto narcotraficante era vecino del fiscal. El asesinato de Patrón, identificado por autoridades como "lugarteniente" de los Beltrán Leyva, ha sido uno de los más mediáticos. El video que muestra el momento en el que un helicóptero de la Marina abre fuego de noche hacia la vivienda del H2 inundó las redes sociales aquel febrero de 2017. Más aún, se vinculó el crecimiento de esa organización criminal con el fiscal.

La trayectoria de Veytia como funcionario fue polémica desde el principio, incluso fuera del estado. Como cuando el gobernador de Nuevo León, Jaime Rodríguez Calderón, el Bronco, quiso integrarlo a su gabinete, algo que el propio Veytia hizo público.

En octubre de 2016, los hijos de Julián Venegas Guzmán, compadre de Joaquín Guzmán Loera, el Chapo, acusaron a Veytia de encubrir el secuestro de su padre, en el que, aseguraban, habían participado policías bajo el mando del fiscal.

En contraste, ese mismo año, la Universidad del Álica de Nayarit, de donde se tituló como abogado, lo invistió con un doctorado *honoris causa* por "conservar la paz y el orden públicos".

El Diablo tenía muchas caras, una de ellas en el narcotráfico.

En junio de 2013, Ricardo Durán García, un chofer de la línea de autobuses ACN, hizo pública una carta en la que le pedía apoyo al gobernador Roberto Sandoval y al presidente Enrique Peña Nieto. Básicamente les solicitó la revisión de su caso. Les contaba que se encontraba recluido en el penal de Hermosillo, puesto que en el camión que conducía se habían hallado estupefacientes adheridos a los asientos. Ese camión pertenecía a una de las empresas vinculadas con el fiscal.

Pero en la esfera política y de la función pública los oídos eran sordos cuando se trataba de uno de los suyos.

Hasta que, en marzo de 2017, fue detenido en el puente fronterizo que une el aeropuerto de Tijuana con San Diego, cuando intentaba cruzar al vecino país, por agentes de la Oficina de Aduanas y Protección Fronteriza, bajo acusaciones de asociación delictuosa para la manufactura e importación ilegal y distribución de heroína, metanfetaminas, marihuana y cocaína entre enero de 2013 y febrero de 2017, es decir, durante el tiempo que fungió como fiscal general.

Según la acusación (caso CR17 00115), entre 2013 y febrero de 2017 habría distribuido, por lo menos, un kilo de heroína, cinco kilogramos de cocaína, 500 gramos de metanfetaminas y mil kilogramos de marihuana.

La fiscalía estadounidense buscaba asegurarle a Veytia sus propiedades en Estados Unidos, y por lo menos 250 millones de dólares producto de esos ilícitos, como sanción adicional. El 28 de marzo, el fiscal fue presentado ante la Corte Federal del Distrito Sur de California, y recluido en un centro de detenciones de las autoridades locales de San Diego.

La mala reputación de Édgar Veytia no era desconocida. En Nayarit, como ya se mencionó, muchos lo vinculaban con Los Zetas, con los Beltrán Leyva y luego con el

Cártel Jalisco Nueva Generación (CJNG), la organización criminal que alcanzaría su mayor expansión a partir del gobierno de Enrique Peña Nieto.

Pero lejos de que el gobierno federal o el estatal lo investigaran, su poder al amparo de la función pública creció igual que su fama con claroscuros.

El hombre a quien su compadre, el gobernador nayarita Roberto Sandoval, calificó alguna vez como el más ejemplar de sus funcionarios era señalado de asociación delictuosa internacional para manufacturar, importar y distribuir cocaína, heroína, metanfetaminas y marihuana.

Y el Diablo no bailaba solo: el solapamiento de su compadre no era por su supuesto desconocimiento.

El tablajero que en 2008 se hizo alcalde de Tepic (2008-2011), quien aparecía en la emblemática fotografía flanqueando a Enrique Peña Nieto, junto con otros políticos priistas que decían pertenecer a la nueva generación del PRI, llevó la administración de esa entidad (2011-2017) como su virreinato, expoliando los recursos de los nayaritas.

Para disfrazar las operaciones irregulares ponía las propiedades a nombre de su hija Lidy Alejandra Sandoval, quien entonces era una joven estudiante.

Las autoridades estadounidenses lo vincularon a una supuesta red de corrupción en complicidad con su esposa e hijos. Por ello, en 2019, la Oficina de Control de Activos Extranjeros (OFAC) del Departamento del Tesoro acusó oficialmente a Roberto Sandoval de participar en actos de corrupción como la apropiación indebida de activos del estado, además de la aceptación de sobornos de organizaciones de narcotraficantes mexicanas, entre estas el CJNG y Los Cuinis.

Las palabras que a propósito de tal señalamiento hizo Sigal Mandelker, subsecretaria del Tesoro para Terrorismo e Inteligencia Financiera, son un retrato de cuerpo entero de ese estilo de gobernar: "Funcionarios como Isidro Avelar Gutiérrez [magistrado federal ligado al CJNG, y señalado de enriquecimiento ilícito y de recibir sobornos de las organizaciones criminales a cambio de proporcionar fallos judiciales favorables a integrantes de esos grupos criminales] y Roberto Sandoval Castañeda se enriquecen despiadadamente a expensas de sus conciudadanos. Ya sea que estén recibiendo sobornos de organizaciones de narcotraficantes o participando en una variedad de otras actividades ilícitas".

Indicó que Sandoval, al frente de sus cargos públicos en Nayarit, había malversado activos estatales y recibido sobornos de narcotraficantes, incluyendo el CJNG, a cambio de información y protección. Que anteriormente había aceptado sobornos de la organización de los Beltrán Leyva. Que Sandoval también tenía vínculos con la organización de narcotraficante de los Flores y su líder Raúl Flores Hernández, a quien la OFAC identificó como narcotraficante extranjero importante.

Se señaló también directamente a sus tres familiares de cómplices "al mantener sus mal habidas propiedades": Ana Lilia López Torres, la esposa, y sus hijos, Lidy Alejandra y Pablo Roberto, quienes en 2019 continuaban disfrutando de los beneficios ilícitos de su esquema de corrupción.

Se identificó una fundación que fungía como apoderada de diversas propiedades, una empresa de inversión inmobiliaria, un negocio de ropa y accesorios y un negocio de carne como parte de ese patrimonio de origen delictuoso.

Roberto Sandoval Castañeda y Raymundo Sandoval Castañeda habían creado en 1993 Distribuidora de Carnes, en Tepic, con un capital de 50 mil pesos entonces. En 2003 Roberto Sandoval creó Bodecarne, en sociedad con su esposa, igualmente con un capital de 50 mil pesos. Bodecarne es uno de esos negocios identificados por el Departamento del Tesoro de Estados Unidos.

Enriquecido Roberto Sandoval —mediante las prácticas ya descritas—, tiempo después de que salió de la gubernatura de Nayarit, en febrero de 2019 registró en Coahuila la empresa Agromilenorte S. A, de C. V., en la que su hijo Pablo aparece como socio, con actividades, "en todas sus formas de negocio", agrícolas, ganaderas o agropecuarias; para la compra y crianza de ganado, entre otras.

La red de corrupción en cuyo centro el Departamento del Tesoro de Estados Unidos colocó a Sandoval es representativa del *modus operandi* de muchos políticos mexicanos: reciben sobornos de grupos criminales y luego crean compañías o adquieren activos a nombre de familiares.

A Sandoval se lo identificó como receptor de sobornos de diversas organizaciones criminales, incluso antagónicas.

Se trata de un esquema enraizado en el sistema político mexicano, sin distinción entre filiaciones partidistas o perfiles. Una clase política que circula en el mismo carril que las esferas criminales. Pero el caso de Nayarit aquí relatado es demostrativo del nivel de influencia del crimen organizado sobre quienes en sus manos tienen uno de los eslabones más importantes y estratégicos de la administración pública: los gobernadores.

Además de llevar las finanzas de sus entidades con un alto nivel de discrecionalidad, muchos gobernadores han sido omisos o, peor aún, cómplices de los grupos criminales, lo que ha incentivado el crecimiento y expansión del crimen organizado en buena parte del país.

TAMAULIPAS: SUCESIONES DE IMPUNIDAD

Antes del de Sandoval y su compadre Veytia en Nayarit, ya habían ocurrido casos como el de Tomás Yarrington en Tamaulipas (1999-2004): militante del PRI desde los años setenta, partido con el que obtuvo la presidencia municipal de Matamoros, también fue diputado y luego gobernador.

Durante el periodo en el cual Yarrington tuvo a su cargo el gobierno de Tamaulipas, desde esa fronteriza entidad se fortalecieron las operaciones criminales de dos de las organizaciones que se convirtieron en poderosos e influyentes cárteles: el Cártel del Golfo y Los Zetas.

Las autoridades estadounidenses lo señalaron también de recibir sobornos de grupos criminales, lavado de dinero, fraude bancario, tráfico de drogas y delincuencia organizada.

Según la acusación judicializada ante cortes estadounidenses, Yarrington habría recibido sobornos de esos grupos criminales a cambio de permitirles operar libremente. Además de que habría participado también en el tráfico de drogas y contrabando.

Allegarse de esos recursos por parte de grupos criminales no le fue suficiente, ya que, según la acusación formal, también cobró sobornos de empresas favorecidas por su gobierno mediante contratos de obra pública, a través de quienes eran supuestamente contratistas, pero al mismo tiempo sus operadores financieros.

Además, usó recursos del estado para comprar un avión y para adquirir diversas residencias y vehículos en Texas. El dinero extraído de las arcas de Tamaulipas se habría movido también a cuentas bancarias de Estados Unidos.

Acusado de delitos contra la salud y prófugo desde 2012, para noviembre de 2016, el mismo rostro de quien unos años atrás aparecía en los carteles de campaña como el idóneo para gobernar Tamaulipas, que se promovía sonriente sosteniendo un enorme pez vela, y que se decía el "amigo de todos los tamaulipecos", aparecía en un afiche emitido por la entonces PGR, en un fondo rojo, y sobre este la palabra "Recompensa": la autoridad ofrecía hasta 15 millones de pesos por datos que llevaran a su captura.

Cuando se formalizaron las acusaciones en su contra, Yarrington se decía inocente, mientras viajaba por Italia con un pasaporte bajo otro nombre (José Ángel Márquez).

Finalmente, fueron las autoridades italianas las que lo detuvieron en Florencia, en abril de 2017, a petición de las estadounidenses, y llevaron a cabo su extradición a ese país.

En 2021, ante cortes estadounidenses se declaró culpable de lavado de dinero y de haber recibido sobornos de grupos criminales a cambio de permitirles operar en la entidad que gobernaba y facilitarles el trasiego de droga hacia Estados Unidos.

Para marzo de ese año, Yarrington admitió sus culpas y delitos ante la Corte de Houston a cargo de la jueza Hilda G. Tagle.

Clave es que haya sido precisamente ante esa corte que admitió su culpabilidad, ya que 11 años atrás el narcotraficante Osiel Cárdenas Guillén, precisamente uno de los criminales que sobornaron a Yarrington, estuvo ante ese mismo banquillo de los acusados y en una peculiar audiencia, la cual coronó un proceso que incluyó la aceptación de culpas y negociaciones, sellado a perpetuidad.

Las negociaciones paralelas al juicio se pactaron mediante los cuatro despachos texanos que Cárdenas contrató para su defensa. Uno de ellos, el de Robert Yzaguirre, abogado del Cártel del Golfo desde tiempos de Juan García Ábrego, a quien en 1996 en ese mismo distrito no pudo librar de 11 cadenas perpetuas por delitos contra la salud que debió purgar en una cárcel de Colorado.

También abogado de Guillermo González Calderoni, acusado de proteger al Cártel del Golfo desde la Policía Judicial Federal (PJF), y a quien en febrero de 2003 asesinaron justo saliendo de sus oficinas en McAllen. Yzaguirre representaba al excomandante en las acusaciones que lo llevaron a acogerse al programa de testigos protegidos de la Administración de Control de Drogas (DEA). De su muerte se dijo que se trató de un ajuste de cuentas, precisamente, de Cárdenas Guillén.

Aun cuando Osiel enfrentaba 17 delitos más graves que los atribuidos a García Ábrego, se pactó con el gobierno 25 años de prisión en vez de la cadena perpetua que ameritaba, y 50 millones de dólares, menos de la cuarta parte de la propuesta de incautación inicial, de 300 millones de dólares.

Cárdenas Guillén obtuvo la benévola sentencia a cambio, sobre todo, de su colaboración con las autoridades de ese país para desentrañar las estructuras criminales del Cártel del Golfo, incluyendo a los receptores de sus sobornos.

Osiel había sido detenido y encarcelado en México en 2003 (sería extraditado en 2007); sin embargo, su grupo criminal siguió operando durante los siguientes años, representado en parte por su hermano Antonio Ezequiel Cárdenas Guillén, alias Tony Tormenta (fallecido en noviembre de 2010), y en sociedad con el fortalecido grupo de Los Zetas, todo bajo la protección del entonces gobernador.

Osiel convino aceptar su culpabilidad de cinco cargos federales y que le desecharan otros 12. La fiscalía estadounidense se centró en que le explicara cómo y quiénes lo habían ayudado a internacionalizar el Cártel del Golfo y a hacer del grupo de élite del Ejército mexicano su brazo armado. Osiel hizo confesiones a lo largo de más de dos años, tiempo en el cual las autoridades de ese país lo mantuvieron en un lugar secreto.

Fue el propio gobierno estadounidense el que pidió que las declaraciones del imputado se sellaran "de por vida".

En el estado de Tamaulipas, gobernado por Yarrington, Osiel andaba libre por las calles de tierras mexicanas: sus espaldas eran cuidadas por un ejército de élite que había sido entrenado y alimentado con dinero público, especializado en tácticas de inteligencia y combate de Estados Unidos, Guatemala e Israel, vigías de los trasiegos de droga en todo el golfo de México, desde Yucatán hasta Tamaulipas, y de importantes ciudades de Estados Unidos: Brownsville, Houston y Weslaco, en Texas; Chicago, en Illinois; y Atlanta, en Georgia, que pronto convirtió en sus epicentros de operación.

Fue hasta marzo de 2003 cuando efectivos de la Sedena lo detuvieron en Matamoros. Primero sería encarcelado en México bajo acusaciones de narcotráfico, homicidio y tenencia ilegal de armas. Luego sería extraditado a Estados Unidos para enfrentar los cargos de contrabando de drogas y de lavado de dinero.

En Tamaulipas semejante conducta tendría la del sucesor de Yarrington, Eugenio Hernández, también de las filas del PRI, imputado en Estados Unidos por lavado de dinero y vinculación con la delincuencia organizada.

Luego, llegó una violenta sucesión en la que el candidato del PRI Rodolfo Torre Cantú fue asesinado en 2010, y su hermano, Egidio Torre, ocupó el cargo.

Después, en 2016, por primera vez llegó un gobernador bajo las siglas del PAN, Francisco Javier García Cabeza de Vaca, quien años atrás fungió como alcalde de Reynosa, cuyo periodo se recuerda por actos como el festejo del Día del Niño financiado por Osiel Cárdenas. García también fue coordinador y enlace de Felipe Calderón durante su campaña a la presidencia.[2]

---

[2] Los antecedentes de Cabeza de Vaca y sus familiares los documenté ampliamente en Ana Lilia Pérez, *El Cártel Negro, op. cit.*

En la recta final de su gobierno en Tamaulipas, García sería acusado de lavado de dinero y fraude fiscal por la Unidad de Inteligencia Financiera (UIF); el entramado financiero fue detalladamente expuesto en el Congreso federal, a propósito de su desafuero.

Así, los casos descritos ejemplifican cómo, desde los puestos clave en las administraciones a nivel local, mediante un manejo discrecional de las finanzas de su entidad, funcionarios públicos históricamente han desviado recursos, lavaron dinero e idearon mil y una maneras de privatizar —para sí— el patrimonio de los conciudadanos que los votaron y a quienes les juraron cumplir y hacer cumplir sus obligaciones constitucionales.

El manejo discrecional de los recursos públicos en los gobiernos estatales ha dado pie también a casos como el de Alejandro Moreno, otro militante del PRI y presidente nacional de ese partido, quien fue gobernador de Campeche de 2015 a 2019, cargo por el que pidió licencia.

En 2022 se difundieron audios en los cuales se ventilaron supuestas extorsiones a proveedores para las campañas electorales. En estos se lo escucha decir frases como "A los periodistas no hay que matarlos a balazos, sino de hambre". También le ofrecía a su cirujano plástico su avión para viajar a Campeche, y muchas polémicas y lamentables expresiones ampliamente difundidas, que lo retratan de cuerpo entero.

En 2022, la gobernadora de Campeche, Layda Sansores, denunció que Moreno también usaba "factureras", las ya mencionadas EFOS. Ante la FGR lo denunció por supuesto enriquecimiento ilícito.

También en la práctica de transferir terrenos con alto potencial, por cierto, el entramado parece similar al empleado por Roberto Borge, quien durante su administración en el gobierno de Quintana Roo, irregularmente vendió 9 mil 500 hectáreas de reservas naturales a familiares y amigos en precios muy por debajo del precio real.

Aunque pesaba la solicitud de desafuero en su contra, y los graves señalamientos sobre el manejo de recursos públicos que, según las acusaciones, había tenido en el gobierno de Campeche, Moreno siguió manejando recursos de las transferencias que desde las arcas públicas se hacen a los partidos políticos, otro de los entes que reciben millonarios montos para la manutención de su plantilla laboral, sus bienes muebles e inmuebles.

Como referencia de los volúmenes de recursos públicos que se transfieren a los partidos políticos de los presupuestos federales, para 2023, se les asignaron 6 mil 233 millones 510 mil 798 pesos para los gastos por sus actividades ordinarias. Más lo que desde cada entidad se transfiere para la operación a nivel estatal, con lo que el gasto casi se duplica.

8

Tropezar con la misma piedra

Desarticular los entramados a través de los cuales desde la administración pública, en sus diversos niveles se ha operado la expoliación de los recursos públicos es tarea en ciernes.

Detener el desmantelamiento de las empresas públicas y fortalecerlas, reanimarlas, mediante un cambio en el criterio de administración y operación, y particularmente la promesa del combate a la corrupción, han sido, desde sus tiempos de campaña, temas centrales en las propuestas del gobierno de López Obrador. Sin embargo, ya en su aplicación real, han tenido tropiezos.

Muchas de las dificultades, sin duda, han derivado de las resistencias de las élites económicas y su mancuerna de políticos otrora beneficiarios de la aplicación de las políticas descritas (privatizaciones, subutilización de la infraestructura y recursos humanos de las paraestatales; subrogaciones, tercerizaciones, precarización laboral, privilegios fiscales, etcétera).

Y entre esas estrategias con las que los otrora beneficiarios han buscado mantener o regresar a esos privilegios
están las jurídicas: la promoción de amparos a cada iniciativa, lo mismo ante modificaciones de leyes como a la reestructura administrativa y operativa del sector público.

Es también innegable que, en muchos casos, el fallo
deriva de la designación, en cargos de alta relevancia, de
políticos o funcionarios que no han demostrado un desempeño comprometido con el servicio público, sino con
sus intereses particulares.

Algunos han desfilado por la administración pública
como protagonistas de disputas y desencuentros que luego
ellos mismos se han encargado de exponer; unos en cartas
abiertas, otros llegando incluso a presentar denuncias contra sus excompañeros de gabinete, exhibiendo situaciones
muy delicadas y ni de lejos suficientemente explicadas.

Como hizo el exconsejero jurídico Julio Scherer Ibarra
contra el fiscal Alejandro Gertz Manero, a quien denunció —al igual que a sus principales colaboradores en la
FGR— por supuesto tráfico de influencias, colusión de servidores públicos y asociación delictuosa. Tal denuncia se
ventiló en medios de comunicación, y, aun cuando los señalamientos eran sumamente importantes para la vida nacional, dada la relevancia del cargo de Gertz, meses después, sin mayores explicaciones, fue retirada.

Lo dicho por el exconsejero jurídico en su "Es tiempo
de hablar" mostró entretelones y disputas que repetían

prácticas del uso personal y abuso del poder, la eterna condición de buena parte de la clase política mexicana.

Scherer también se vería bajo señalamientos —hechos públicos ampliamente en medios de comunicación— de supuestas actuaciones desde su cargo en la Consejería, para sus intereses personales, mediante despachos jurídicos con él vinculados, para casos que involucraban intereses económicos cuantiosos de particulares. Su conducta aun requiere rendición de cuentas ante la sociedad, dado el cargo de alta relevancia que tuvo.

El mismo Gertz, a quien se designó como titular de la FGR (de una terna propuesta al Senado), con las muy altas expectativas puestas en el trabajo que podría llevar a cabo la primera fiscalía autónoma, pronto quedó expuesto como un fiscal ocupado en sus disputas e intereses enteramente personales, y en contraste sus resultados, sobre todo en los temas de alto impacto para la vida nacional, han sido casi nulos, abonando con ello a la impunidad, otro eterno flagelo para la sociedad mexicana.

En corresponsabilidad, ni la Presidencia, ni tampoco el Legislativo le han exigido resultados, ni siquiera rendición de cuentas, a pesar de los casos que públicamente fueron documentados por la prensa donde se le evidencia como un fiscal que hizo de la FGR su despacho de asuntos personales.

Y hay también otros casos que repiten prácticas que supuestamente se erradicarían, lo que ha empañado el esfuerzo de reimpulsar el modelo de empresas paraestatales y organismos en sectores estratégicos con el objetivo de garantizar la autosuficiencia y los derechos de la ciudadanía.

La muestra evidente es Segalmex y los desastrosos manejos de sus funcionarios en su arranque.

Se trata de un organismo descentralizado, sectorizado a la Secretaría de Agricultura y Desarrollo Rural, creado mediante decreto presidencial en enero de 2019 con el objetivo —según su fundación— de rescatar al campo mediante programas como el apoyo directo a los productores de granos en las zonas de mayor rezago del país, asegurándoles precios de garantía; y, en una cadena de distribución con Liconsa y Diconsa, a su vez asegurar también el abasto alimenticio a las poblaciones más vulnerables, para alcanzar la autosuficiencia alimentaria y disminuir la pobreza.

La concepción de este esquema lleva a rememorar aquel objetivo de la consolidación que hiciera el gobierno de Adolfo López Mateos, agrupando a varias áreas productoras propiedad del Estado, para mantener los precios de garantía para los campesinos y acercarles los productos básicos a las poblaciones vulnerables, y cuyos activos, años después también serían blanco del desmantelamiento y la privatización.

En marzo de 1961 fue constituida la Compañía Rehidratadora de Leche CEIMSA S. A., que dos años después, en

1963, cambió su razón social a Compañía Rehidratadora de Leche Conasupo S. A.; luego en 1972 se modificó a Leche Industrializada Conasupo; y en 1995 a Liconsa, sectorizada a la entonces Secretaría de Desarrollo Social.

En los años ochenta y noventa, la Conasupo y su sistema de distribución de productos básicos se vieron envueltos en escándalos por los malos manejos de sus directivos, integrantes de los gobiernos de Miguel de la Madrid y Carlos Salinas de Gortari. Desde el gabinete de De la Madrid, Raúl Salinas el hermano del futuro presidente, fue alto directivo de este sector: fue el flamante gerente general de Diconsa Sistema de Distribuidoras Conasupo, luego director general de Imcosa y después director de Planeación de Conasupo.

En esos periodos la política de privatizaciones se dio primero con la desincorporación de Trigo Industrializado (Triconsa), que estaba dedicada a la elaboración de pan; se vendió Miconsa, la compañía productora de harina de maíz nixtamalizado; se fueron vendiendo plantas pasteurizadoras de leche y otras instalaciones, y luego se liquidó Impulsora del Pequeño Comercio (Impecsa); privatizaciones concretadas mediante desincorporaciones y ventas "en paquete" de importantes plantas.

La "desincorporación" y venta a particulares, a precios de remate, de valiosos activos, como las plantas de maíz y de leche, generaron cuantiosos daños patrimoniales. Las estimaciones de tales desfalcos están descritas en el informe que en 1999 en la Cámara de Diputados presentó la Comisión de Investigación del Funcionamiento de Conasupo y sus empresas filiales, una comisión creada en 1997 para indagar en los malos manejos con los que se administró Conasupo y el remate de sus principales activos.

Tal informe documenta fraudes en los contratos de distribución de harina de maíz y tráfico de maíz subsidiado (de 1990 a 1993), en el manejo de sus cuentas, en la importación de leche contaminada con radiactividad[1] y en la desincorporación y venta de activos.

Por la relevancia del tema, registro como apunte lo que dice ese informe presentado en el Congreso respecto a la importación de leche contaminada con radiactividad, que fue uno de los temas más delicados y con impacto para la ciudadanía.

Prosigo explicando que la disfrazada "modernización estructural" se extendería al gobierno de Ernesto Zedillo, acotando la operación y renombrando lo que quedaba como Liconsa y Diconsa, sectorizadas a la entonces Secretaría de Desarrollo Social.

---

[1] En abril de 1986 un reactor nuclear en Chernóbil, Ucrania, explotó y generó una catástrofe no solo en la zona, sino en otras regiones, debido a que una nube radiactiva viajó hasta los países vecinos. Uno de esos afectados fue Irlanda; la contaminación llegó mediante la lluvia, la cual depositó los residuos radiactivos en pastizales de los que se alimentaban los animales. Desde 1979 México importaba leche en polvo de Irlanda. Y cinco embarques de leche con diversos niveles de contaminación radiactiva (con cesio radioactivo) llegaron entre 1986 y 1987.

En 2019 —ya en la actual administración— se estableció que Liconsa y Diconsa regirían sus actividades siguiendo las directrices "que le señalara Segalmex". El organismo sería dirigido y administrado por un consejo de administración y por un director general, con un mismo cuerpo directivo en Segalmex, Liconsa y Diconsa, sectorizadas a la Secretaría de Agricultura y Desarrollo Rural.

Es importante indicar que, referir a los antecedentes de este sector no es una simple remembranza, sino un elemento importante para detallar y comprender los fallos en Segalmex-Liconsa.

Quien dirigió Conasupo del 1 de diciembre de 1988 al 31 de diciembre de 1990, según su declaración patrimonial, lleva por nombre Ignacio Ovalle. Un miembro de la alta burocracia desde tiempos de Luis Echeverria, cuando era su secretario particular; en el gobierno de José López Portillo fue director de Coplamar; y en el de Miguel de la Madrid fue designado embajador de México en varios países.

Así que resultó por lo menos preocupante que con los antecedentes descritos, para dirigir Segalmex-Liconsa, tres décadas después, se designara a Ignacio Ovalle.

Lo alertó de manera puntal el prestigiado columnista Julio Hernández López. En su Astillero del 17 de agosto de 2018, cuando se anunciaba la designación de Ignacio Ovalle como director del futuro organismo Segalmex que crearía el nuevo gobierno, con el tituló "Ovalle y el asistencialismo electoral", el periodista recordó el pasado de Ovalle como funcionario desde tiempos echeverristas, pasando por el gabinete de De la Madrid, y particularmente sus andanzas salinistas:

> [...] A la llegada de Miguel de la Madrid a la Presidencia, Ovalle Fernández fue embajador de México en Argentina y, luego, en Cuba. En el arranque de las administraciones abiertamente neoliberales parecía poco atractivo tener en la estructura nacional a un personaje identificado con el populismo. Pero Carlos Salinas de Gortari no tuvo empacho en rehabilitar a Ovalle, al designarlo titular de la Compañía Nacional de Subsistencias Populares (Conasupo), con la intención de consolidar el Programa Nacional de Solidaridad (Pronasol), con su reparto de recursos públicos para censar y controlar a las masas votantes y la intención de utilizar esa plataforma para crear la organización electoral del salinismo, el Partido de la Solidaridad.

El periodista refiere luego algunos de los escándalos en los que Ovalle se vio envuelto, y que, desde entonces, habían sido documentados por la prensa.

De allí que la designación de Ovalle resultaba muy polémica. Pronto quedó claro el error de incorporarlo a un gabinete que prometió combatir la corrupción, el principal flagelo que históricamente ha tenido nuestro país.

En sus auditorías a Segalmex-Liconsa, la ASF inicialmente detectó inconsistencias de diversa índole en su operación y administración, e hizo observaciones y solicitudes de aclaración por 3 mil 465.8 millones de pesos.

Las anomalías continuarían: en subsecuentes auditorías algunas de las observaciones que los fiscalizadores habían hecho se repitieron.

La Secretaría de la Función Pública (SFP) y el Órgano Interno de Control (OIC), también en auditorías y actos de fiscalización entre 2019 y 2021, determinaron inconsistencias por montos de 6 mil 052.3 millones de pesos. En conjunto los órganos de fiscalización detectaron observaciones sobre montos de más de 9 mil 500 millones de pesos. Montos observados, es decir, montos cuyos manejos no se apegan a la normatividad y deben aclarase.

Debido a esto se presentaron 38 denuncias ante la FGR, las cuales, hasta el momento de escribir estas líneas, seguían en curso, como también las aclaraciones en auditorías, de las que derivaría el monto preciso del daño patrimonial.

El desfalco a Segalmex es aún un capítulo abierto debido a las auditorías e investigaciones de carácter penal en la FGR, todavía en curso.

En abril de 2022, cuando ya eran muy conocidas las anomalías detectadas en Segalmex por los órganos de fiscalización, Ovalle ni siquiera fue destituido de la administración pública, sino simplemente asignado como coordinador del Instituto Nacional para el Federalismo y el

Desarrollo Municipal (Inafed), adscrito a la Segob (al frente de Segalmex quedó Leonel Cota).

Considerando el cúmulo de deficiencias con que operaba Segalmex-Liconsa en tiempos de Ovalle a cargo —según puede leerse en las auditorías—, mantenerlo como funcionario público resultaba incongruente frente a la promesa de combate a la corrupción.

Basta leer el detalle de esas fiscalizaciones para darse cuenta que se repitió la utilización de los mecanismos articulados para el saqueo entre funcionarios y contratistas. Los mismos modelos de desfalco de otros tiempos.

Entre esas numerosas anomalías que los auditores encontraron en esa administración, referiré uno de los hallazgos que reincide en las modalidades de manejo de recursos que describí en páginas anteriores:

Se trata de diversas operaciones, hasta sumar la cantidad de 950 millones de pesos, que de manera ilegal, se fueron usando para comprar certificados bursátiles privados a través de la bolsa.

En el caso de Liconsa, desde el gobierno de Peña se habría echado mano de este artilugio.

Los recursos presupuestales de Segalmex-Liconsa que ilegalmente se usaron para adquirir certificados bursátiles —contraviniendo los lineamientos de las entidades paraestatales de la Administración Pública Federal— se reintegraron luego de que las auditorías los detectaran e hicieran la observación correspondiente, hasta diciembre de 2022.

Para esa fecha el procedimiento para juzgar tales irregularidades seguía en la Fiscalía en proceso de investigación, según informó el nuevo director de Segalmex, Leonel Cota, a la Comisión de Vigilancia de la Cámara de Diputados.

Es incierto si se desahogará cabalmente cada una de las causas penales relacionadas con Segalmex-Liconsa, o el tiempo que implicará cada una, como consecuencia también de la dilación general que en su desempeño ha tenido la FGR.

Pero el daño ya estaba hecho, porque la mala dirección de Ovalle y su administración impactó la operatividad con que se concibió Segalmex y sus adicionadas Liconsa y Diconsa; nuevamente, tropelías en un sector en que formalmente debieron haber trabajado para la población con mayores necesidades, lo que hace más reprobable las dolosas acciones de los servidores públicos.

En su presentación del caso en una conferencia en el Palacio Nacional, el 18 de agosto de 2022, Roberto Aquino, secretario de la Función Pública, informó:

Con base en los resultados de diversas auditorías, de denuncias presentadas por servidores públicos, y del deterioro de la calidad de la rendición de cuentas de Segalmex, Liconsa y Diconsa, se creó un grupo de trabajo conformado por las secretarías de Gobernación, de Agricultura y Desarrollo Rural, de la Función Pública, la Procuraduría Fiscal de la Federación y la Oficialía Mayor de la Secretaría de Hacienda. El propósito de este grupo ha sido investigar, dar seguimiento y corregir la problemática relacionada con actos de presunta corrupción de algunos de los servidores públicos, que además ocasionaron una desarticulación administrativa en las tres instituciones...

Allí indicó también que los montos irregulares observados en las fiscalizaciones de la SFP, el OIC y la ASF, conjuntamente, ascendían a los 9 mil 500 millones de pesos.

A cinco años de distancia de que se le asignara a Ovalle la dirección de Segalmex, le pregunto al periodista Julio Hernández López su opinión sobre los resultados. Dice:

Era objetable desde el momento en que Andrés Manuel López Obrador anunció en 2018 que Ignacio Ovalle Fernández sería titular de un nuevo organismo denominado Seguridad Alimentaria Mexicana (Segalmex). Un político de la vieja escuela surgido con el echeverrismo, sin nada qué ver con el ideal de la regeneración nacional, metido en escándalos relacionados justamente con el tema que ahora se le encargaba, en la Conasupo salinista, Ovalle había fungido como director y Raúl Salinas de Gortari como "subalterno" dominante, fraterno hombre de los negocios oscuros, y reciclado solo por la relación que décadas atrás había tenido con el joven López Obrador al nombrarlo comisionado federal en Tabasco.

Con los conocidos antecedentes, agrega el periodista:

No decepcionó Ovalle Fernández a quienes presagiaban la vuelta al pasado tan sabido. Segalmex se convirtió en cueva de ladrones, en escandaloso ejemplo sexenal de corrupción, aunque a juicio del presidente López Obrador, tan quisquilloso y exigente a la hora de la denuncia de corruptos del pasado, al ingenuo Ignacio lo habrían engañado algunos priistas de malas mañas, acostumbrados a robar.

Tan inocente pareció el amigo Ovalle al presidente, que luego del escándalo de Segalmex lo protegió al enviarlo a un cargo inferior en la Secretaría de Gobernación, intocado mientras miembros del equipo que había nombrado los de las "malas mañas", eran perseguidos y procesados. Historias inexplicables, o muy explicables.

En 2023, cuando ya meses atrás la SFP había hablado públicamente del caso, en sendas solicitudes de información mediante la Plataforma Nacional de Transparencia pregunté a la SFP y a la FGR las quejas y/o denuncias de cualquier índole integradas contra o que involucraran a Ovalle. También la precisión del número de queja y/o denuncia, el motivo de la queja y/o denuncia, la fecha en que se presentó y el estatus.

En mayo de 2023 la SFP respondió:

En respuesta, se comunica que de la búsqueda realizada en los archivos físicos y electrónicos con los que cuentan no se localizaron registros de sanciones graves y no graves firmes en contra de la persona de su interés.

Por lo que, cualquier pronunciamiento que dé cuenta sobre la existencia o inexistencia de quejas, denuncias, investigaciones y procedimientos de responsabilidad administrativa instaurados en contra de la persona de su interés, que no hayan derivado en una sanción de carácter firme constituye información confidencial en términos del artículo 113, fracción I, de la Ley Federal de Transparencia y Acceso a la Información Pública, Trigésimo Octavo, fracción I, número 7, de los Lineamientos Generales en materia de Clasificación y Desclasificación de la Información, así como para la Elaboración de Versiones Públicas, en relación con el criterio de identificación FUNCIÓNPÚBLICA/ CT/01/20201 emitido por el Comité de Transparencia de esta dependencia.

La clasificación de confidencialidad antes referida, fue aprobada por el Comité de Transparencia en la Décima Sexta Sesión Ordinaria del año 2023…

La FGR respondió:

Se hace de su conocimiento que esta Fiscalía General de la República se encuentra imposibilitada jurídicamente para pronunciarse al respecto; toda vez que esta posee información que se ubica en el ámbito de lo privado, encontrando para tal efecto la protección bajo la figura de la confidencialidad en términos del artículo 113, fracción I de la LFTAIP; ya que afirmar o negar la existencia o inexistencia de denuncias iniciadas en contra de una persona física identificada, como es el caso que nos ocupa, se estaría atentando contra la intimidad, privacidad y datos personales de la persona en comento.

De esta forma, la imposibilidad por parte de esta Fiscalía para señalar la existencia o no de la información requerida actualiza la causal de confidencialidad...

Y enunció luego un extenso número de artículos y legislación para pretextar la confidencialidad de la información, con argumentos como el siguiente:

Por tal motivo, se insiste que el dar a conocer información que asocie a una persona con la existencia de alguna denuncia, afectaría directamente su intimidad, privacidad y datos personales de la persona en comento.

Así, ambas dependencias optaron por la confidencialidad, pese a que la información que se solicitó de Ovalle fue en su carácter de servidor público, y nada relacionado con su "privacidad" o "intimidad".

* * *

Revertir políticas privatizadoras del sector público ha llevado también a que, como parte del proyecto de administración pública propuesto para el gobierno de 2018-2024, se hayan creado nuevas empresas paraestatales para sectores ciertamente estratégicos. No obstante, la mayoría se han cedido en su operación y administración a las Fuerzas Armadas, bajo la narrativa de su supuesta incorruptibilidad, omitiéndose aquellos episodios en que elementos de estas también han estado involucrados en actos cuestionables.

La conducta de los miembros de las Fuerzas Armadas y sus irregularidades las he documentado en diversas investigaciones periodísticas y en los libros *Verdugos* (México, Grijalbo, 2016), y en *El cártel negro* (México, Grijalbo, 2011), para el que indagué la vinculación de miembros y exmiembros de las Fuerzas Armadas —incluidos aquellos asignados precisamente a la seguridad en instalaciones petroleras— en el robo de combustible, y encontré en ese sector —de la milicia— una de las principales resistencias y opacidad.

Por ello considero que el ensanchamiento de las atribuciones de las Fuerzas Armadas en sectores tradicionalmente civiles es un desafío que exige mayores controles internos, considerando también la férrea y persistente resistencia de las Fuerzas Armadas a la rendición de cuentas.

Por citar uno de los casos de mayor afectación social: la obstaculización en el caso Ayotzinapa; y más inquietante: el ocultamiento parcial de la información y manipulación que hicieron miembros de las Fuerzas Armadas, lo que ha impedido también que se conozca la verdad del caso, como expusieron los expertos internacionales del GIEI en la presentación de su VI y último informe (Denominado Hallazgos, avances, obstáculos y pendientes).

"El ocultamiento y la insistencia en negar cosas que son obvias impiden obtener la verdad y por lo tanto avanzar en esa misma dirección", plantearon los expertos Ángela Buitrago y Carlos Berinstain durante la exposición de su informe en julio de 2023.

Se trata, recordemos, de un caso icónico en la histórica de México, y una deuda pendiente con las familias de los 43 jóvenes normalistas desaparecidos. "Un crimen de Estado", como lo definió el subsecretario de Derechos Humanos Alejandro Encinas.

Y su resolución, aún pendiente, es de enorme magnitud para el país, como expuso Carlos Beristain, durante la presentación del informe del GIEI, México está pidiendo justicia en este caso, y "Para que haya justicia se necesita primero verdad".

Un caso de desaparición forzada como este no se cierra porque no se pueda seguir investigando, porque el delito es permanente, se sigue cometiendo, el dolor de los familiares sigue mientras no haya respuestas veraces sobre el paradero y destino de los normalistas. México se juega en este caso, que es el único que ha contado con un mecanismo de asistencia internacional, pero también en otros muchos, la posibilidad de enfrentar la desaparición forzada, o no, con todos los instrumentos y necesaria voluntad política.

Además, como refirió Ángela Buitrago,

La atención [de víctimas y familiares] es un derecho y una responsabilidad del Estado y no un privilegio o un favor, o un beneficio secundario de los familiares y las víctimas de este caso. El sistema ya en marcha debe fortalecerse y tiene un marco de reconocimiento que no dependa de las directrices políticas cambiantes, sino de un compromiso independiente de partidos, independiente de autoridades, e independiente de voluntades unipersonales.

REFORMA FISCAL, ENORME PENDIENTE

Eliminar los privilegios que han ahondado las desigualdades pasa por darle fin a la evasión de impuestos, a los privilegios fiscales, y, más aún, crear reformas de carácter fiscal en las cuales se contemple un impuesto a la riqueza.

Como comenté en las primeras páginas de este libro, de las privatizaciones del sector público germinaron enormes fortunas que se cuentan entre las principales a nivel mundial.

A ello contribuyeron las medidas operadas desde el sector público para favorecer los rescates bancarios, los perdones fiscales, la evasión fiscal, y que se solapara que muchos de los recursos públicos expoliados en México fueran a parar a los bolsillos de quienes luego los trasladaban a paraísos fiscales[2].

El impuesto a la riqueza, actualmente, ya no se ve como una propuesta en el desierto, sino como un planteamiento serio que, de aplicarse, contribuiría a una mejor redistribución de los recursos públicos.

El tema se expuso en el marco del Foro en Davos, la tradicional reunión de los más adinerados del planeta. El tamaño de sus bolsillos —comentario aparte— no es garantía de la probidad de todos los que lo organizan, ni tampoco de quienes asisten, o por lo menos para el caso mexicano. Baste recordar que Emilio Lozoya fue el director del Foro Económico Mundial para América Latina. Y

---

[2] Casos como el del otrora "abogado de los poderosos", Juan Ramón Collado, y sus operaciones en la Banca Privada d' Andorra son muestra de ello. También las fortunas de magnates, empresarios, contratistas y políticos mexicanos movidas a paraísos fiscales, al descubierto debido a filtraciones a los despachos que hacen operaciones a nombre de esos acaudalados clientes en esos paraísos fiscales.

en 2012 fue nombrado "joven líder mundial" por el mismo foro. Como funcionario en Pemex asistía habitualmente a dicho evento, y su estancia era pagada, claro, a cuenta de Pemex. En el mismo escenario se paseaban otros funcionarios como el propio Peña Nieto o Luis Videgaray. Tiempos ya distantes.

En 2023, Peña Nieto vive un idílico retiro, con visa dorada en España. No lo despeinan ni las investigaciones periodísticas publicadas desde Europa, que han dejado al descubierto su lujoso estilo de vida. Las tardes de golf en los exclusivos clubes, como hacía también sus días de presidente.

Emilio Lozoya, quien lo llevaba por el mundo y lo presentaba en diversos foros, incluido el de Davos, oficialmente duerme en una celda del Reclusorio Norte; y hay en curso dos procesos penales en su contra, uno por la compra que hizo a sobreprecio de la planta chatarra de Agronitrogenados, lo que le generó un millonario quebranto a Pemex, y el segundo por los sobornos por 10.5 millones de dólares que recibió de Odebrecht, consorcio de origen brasileño contratista de Pemex. Sus cargos son lavado de dinero, cohecho y asociación delictuosa.

Sus artilugios financieros para mover tales capitales habrían involucrado a su familia y el uso de cuentas en paraísos fiscales.

Su proceso, sin embargo, ha tenido atípicos episodios, como cuando a Lozoya, prófugo en Europa durante meses, se lo extraditó, pero se lo dejó en supuesto arresto domiciliario primero, gozando de todos los lujos, como le era habitual. Después fue llevado al reclusorio, y buscando un arreglo con las autoridades, salieron a relucir audios en los cuales el padre de Lozoya (el que fuera funcionario del gobierno de Salinas) y el fiscal general Gertz hacían negociaciones atípicas también.

Mientras tanto, en aquel foro donde alguna vez nombraron a Emilio Lozoya "joven líder mundial", en la edición de 2023, una de las discusiones centrales que las organizaciones no gubernamentales abordaron fue precisamente la necesidad de un impuesto a la riqueza. También, junto con activistas, algunos millonarios que se hacen llamar "Millonarios patrióticos" impulsaron la campaña "Tax me now!", en la que piden a sus gobiernos revisar las leyes fiscales y gravar la riqueza.

"Para romper este círculo de concentración de la riqueza sin fin en manos de los milmillonarios, los gobiernos deben abordar cada una de las vías en las que el actual modelo económico está diseñado a su favor, incluida la legislación laboral, la privatización de los recursos públicos y la remuneración de los altos ejecutivos de las grandes corporaciones", dice Oxfam en su estudio *La ley del más rico: Gravar la riqueza extrema para acabar con la desigualdad.*

Algunos gobiernos han tomado ya esta acción, como Colombia, bajo el gobierno de Gustavo Petro, con José

Antonio Ocampo como ministro de Hacienda y Crédito Público, quien en el mismo informe de Oxfam señala: "Gravar la riqueza de los más ricos ya no es una opción, sino una obligación. La desigualdad global se ha disparado y no hay mejor manera de acortarla que redistribuyendo la riqueza".

En coincidencia, plantea: "Al abolir vacíos legales y privilegios fiscales que se han prolongado durante décadas beneficiando solo a los más ricos, dispondremos de mayores ingresos para invertir en servicios públicos gratuitos y de calidad, como la salud y la educación. Más recursos para invertir en agricultura, la respuesta climática y el medioambiente".

En Chile, la otrora cuna del neoliberalismo en la región, la misma propuesta llegó con el gobierno de Gabriel Boric. En julio de 2022 Boric y su ministro de Hacienda, Mario Marcel, presentaron en el Palacio de la Moneda la propuesta de reforma tributaria, que incluye la tributación de los contribuyentes de más altos ingresos y la creación de un impuesto a la riqueza; además de combatir la evasión fiscal. Y un punto clave: aumentar las regalías para la producción de cobre, el mineral del que, como se comentó al principio de este libro, Chile es uno de los principales productores a nivel mundial, el cual fue estatizado por Allende y luego operado mediante políticas neoliberales a partir del régimen de Pinochet.

Recuerda Oxfam en su informe que "durante varias décadas, el argumento neoliberal para justificar este tipo de rebajas fiscales a los ultrarricos y las grandes empresas ha sido que se produciría un 'goteo' de la riqueza que beneficiaría al conjunto de la sociedad".

El mismo argumento se aplicó en México como justificación —desde diversos gobiernos— para dar cabida a los privilegios fiscales y al apapacho hacia las élites económicas, incluso para apoyar rescates bancarios como el del caso Fobaproa.

Vistas las falacias de las justificaciones neoliberales, en diversos países del mundo cada vez más se contempla esa posibilidad de gravar la riqueza, al igual que la de fortalecer las empresas públicas, como una manera de combatir las desigualdades.

Que en México se plantee la posibilidad de una reforma fiscal que incluya un impuesto a la riqueza se ve como utópico, por lo menos en un horizonte a corto plazo, más aún cuando parte del Congreso en su disputa encarnizada por el poder declaró una moratoria constitucional, en 2022, para no aprobar —ni discutir— ninguna de las iniciativas de reforma a la Constitución que se propusieran desde la presidencia. Uno de los argumentos era que así se impedirían "reformas dañinas". En su memoria selectiva omitían que con o sin modificaciones a la Constitución, como las encaminadas a las privatizaciones, o las estructurales de Peña, o la política de subutilización de Fox y Calderón, mediante artimañas diversas, por muchos años, se aplicaron políticas gubernamentales que llevaron a que unos cuantos expoliaran el patrimonio público.

Anexos

ANEXOS

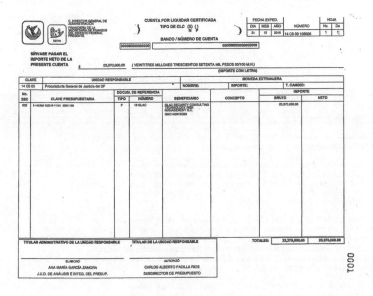

Una de las millonarias órdenes de pago que la entonces Procuraduría General de Justicia del DF hizo a la empresa GLAC, de Genaro García Luna. Documento obtenido por la autora para este libro.

287

Ciudad de México, a 13 de diciembre de 2022.

Unidad de Transparencia

Estimado solicitante

Con relación a su requerimiento de información con número de folio **3300310220002547**, en el que solicita lo siguiente:

"En apego a la Ley de Transparencia solicito copia de los recibos de nómina y todas y cada una de las prestaciones, y de todos y cada uno de los bonos de cualquier tipo, que este Instituto dio como contraprestación al director general Víctor Manuel Borrás Setién, durante el período en que estuvo en este Instituto"

Con fundamento en los artículos 131 y 133 de la Ley General de Transparencia y Acceso a la Información Pública; artículos 133 y 135 de la Ley Federal de Transparencia y Acceso a la Información Pública, y una vez realizada la consulta a la **Subdirección General de Administración y Recursos Humanos**, unidad administrativa competente en el Instituto del Fondo Nacional de la Vivienda para los Trabajadores para atender su solicitud, manifiesta lo siguiente:

Se adjunta archivo PDF con los recibos de pago del C. Víctor Manuel Borras Setién, ex Director General del Infonavit, de la catorcena 23 del año 2006 a la catorcena 25 del año 2012.

Cabe señalar que, por lo que respecta a los recibos de pago del C. Víctor Manuel Borras Setién referentes a los años 2000 al 2006, se señala que no se cuenta con ellos, toda vez que el sistema de nómina que se utilizaba en dicho periodo dejó de funcionar a partir de la migración al nuevo sistema de nómina (finales de 2006), razón por la cual no se cuenta con un aplicativo o herramienta de consulta y reporte que permita realizar extracciones de información anteriores al año arriba señalado.

Adicionalmente se informa que, la capacidad de los servidores de aquel periodo era limitada y la información que se generaba era demasiado grande, el mismo aplicativo bloqueaba la información más antigua y no permitía que se realizaran consultas, ni extracciones de dicha información, por lo que se acredita la causal de inexistencia de la información.

Con relación a las prestaciones de las y los trabajadores del Instituto, estas se encuentran publicadas en el portal institucional y pueden consultarse en la siguiente liga:

https://portalmx.infonavit.org.mx/wps/wcm/connect/4e87c95b-e310-47a8-b0bf-4949d23039e4/Prestaciones_economicas_aplicables_a_todo_el_perso nal_2022.pdf?MOD=AJPERES&CONVERT_TO=url&CACHEID=ROOT WORKSPACE-4e87c95b-e310-47a8-b0bf-4949d23039e4-nWsJwAH.

Barranca del Muerto núm. 280, col. Guadalupe Inn, alcaldía Álvaro Obregón, C.P. 01020, Ciudad de México | Conmutador 55 5322 6600

1

Respuesta de la solicitud de información presentada por la autora para este libro.

2006
Puesto:

Víctor Manuel Borrás Setien
Director General

Catorcena	Fecha de Deposito	Percepciones Brutas	Deducciones	Percepciones Netas	N° de Documento
200623	08/11/2006	$ 459,693.54	-$ 139,514.67	$ 320,178.87	2200100915
200624	23/11/2006	$ 213,433.65	-$ 68,348.44	$ 145,085.21	2300005050
200625	07/12/2006	$ 594,852.40	-$ 218,507.45	$ 376,344.95	2300011260
200626	21/12/2006	$ 139,590.92	-$ 46,934.12	$ 92,656.80	2300014360

2007

Catorcena	Fecha de Deposito	Percepciones Brutas	Deducciones	Percepciones Netas	N° de Documento
200701	04/01/2007	$ 108,456.38	-$ 37,638.24	$ 70,818.14	2300003205
200702	18/01/2007	$ 181,081.03	-$ 58,699.35	$ 122,381.68	2300007846
200703	01/02/2007	$ 493,340.62	-$ 149,034.57	$ 344,306.05	2300012932
200704	15/02/2007	$ 917,985.99	-$ 272,401.82	$ 645,584.17	2300018173
200705	01/03/2007	$ 103,874.58	-$ 35,960.06	$ 67,914.52	2300022444
200706	15/03/2007	$ 255,991.14	-$ 44,578.42	$ 211,412.72	2300029350
200707	29/03/2007	$ 103,874.59	-$ 35,960.06	$ 67,914.53	2300032171
200708	12/04/2007	$ 103,874.59	-$ 35,960.06	$ 67,914.53	2300037839
200709	26/04/2007	$ 133,592.94	-$ 44,578.42	$ 89,014.52	2300043200
200710	10/05/2007	$ 103,075.56	-$ 29,369.26	$ 73,706.30	2300047765
200711	24/05/2007	$ 130,600.39	-$ 42,328.05	$ 88,272.34	2300051504
200712	07/06/2007	$ 531,121.91	-$ 154,049.34	$ 377,072.57	2300057646
200713	21/06/2007	$ 130,600.39	-$ 42,328.06	$ 88,272.33	2300063183
200714	05/07/2007	$ 101,865.33	-$ 34,282.29	$ 67,583.04	2300066810
200715	19/07/2007	$ 130,600.39	-$ 42,328.05	$ 88,272.34	2300070733
200716	02/08/2007	$ 101,865.33	-$ 34,282.29	$ 67,583.04	2300077536
200717	16/08/2007	$ 777,141.65	-$ 688,869.31	$ 88,272.34	2300081477
200718	30/08/2007	$ 101,865.32	-$ 34,282.28	$ 67,583.04	2300087100
200719	13/09/2007	$ 101,865.30	-$ 34,282.28	$ 67,583.02	2300091469
200720	27/09/2007	$ 271,744.26	-$ 55,810.30	$ 215,933.96	2300097239
200721	11/10/2007	$ 101,865.32	-$ 33,923.98	$ 67,941.34	2300101962
200722	25/10/2007	$ 130,600.39	-$ 43,839.51	$ 86,760.88	2300107446
200723	08/11/2007	$ 104,935.03	-$ 35,868.57	$ 69,066.46	2300112218
200724	22/11/2007	$ 134,532.23	-$ 55,855.77	$ 78,676.46	2300116674
200725	06/12/2007	$ 563,004.61	-$ 194,128.00	$ 368,876.61	2300123307
200726	20/12/2007	$ 134,837.80	-$ 45,286.34	$ 89,551.46	2300128207

2008

Catorcena	Fecha de Deposito	Percepciones Brutas	Deducciones	Percepciones Netas	N° de Documento
200801	03/01/2008	$ 104,935.03	-$ 35,820.57	$ 69,114.46	2300002056
200802	17/01/2008	$ 173,995.09	-$ 55,888.61	$ 118,106.48	2300006611
200803	31/01/2018	$ 509,270.70	-$ 145,132.70	$ 364,138.00	2300012699

Algunas de las contraprestaciones de Víctor Manuel Borrás como director del instituto.

200804	14/02/2008	$ 771,936.84	-$ 222,490.56	$ 549,446.28	2300019450
200805	28/02/2008	$ 135,821.53	-$ 45,423.51	$ 90,398.02	2300022290
200806	13/03/2008	$ 105,999.34	-$ 36,028.05	$ 69,971.29	2300028310
200807	27/03/2008	$ 413,365.74	-$ 86,675.38	$ 326,690.36	2300032116
200808	10/04/2008	$ 105,999.35	-$ 36,028.06	$ 69,971.29	2300037596
200809	24/04/2008	$ 135,821.53	-$ 45,423.51	$ 90,398.02	2300043993
200810	08/05/2008	$ 105,999.36	-$ 36,028.06	$ 69,971.30	2300049846
200811	22/05/2008	$ 135,821.53	-$ 45,423.51	$ 90,398.02	2300054072
200812	05/06/2008	$ 470,157.70	-$ 133,062.94	$ 337,094.76	2300061423
200813	19/06/2008	$ 150,334.51	-$ 58,368.63	$ 91,965.88	2300064234
200814	03/07/2008	$ 120,512.35	-$ 50,018.42	$ 70,493.93	2300069779
200815	17/07/2008	$ 150,334.51	-$ 58,368.63	$ 91,965.88	2300077809
200816	31/07/2008	$ 120,512.34	-$ 50,018.41	$ 70,493.93	2300081476
200817	14/08/2008	$ 866,066.34	-$ 258,773.54	$ 607,292.80	2300087801
200818	28/08/2008	$ 150,334.51	-$ 58,368.62	$ 91,965.89	2300091934
200819	11/09/2008	$ 120,512.35	-$ 50,018.42	$ 70,493.93	2300097230
200820	25/09/2008	$ 300,670.92	-$ 100,462.83	$ 200,208.09	2300102354
200821	09/10/2008	$ 120,512.35	-$ 50,018.42	$ 70,493.93	2300107930
200822	23/10/2008	$ 150,334.51	-$ 58,368.63	$ 91,965.88	2300111539
200823	06/11/2008	$ 120,512.34	-$ 50,018.42	$ 70,493.92	2300120359
200824	20/11/2008	$ 150,334.51	-$ 58,369.82	$ 91,964.69	2300124009
200825	04/12/2008	$ 474,650.83	-$ 95,481.09	$ 379,169.74	2300129121
200826	18/12/2008	$ 150,681.73	-$ 68,685.46	$ 81,996.27	2300133198
200827	30/12/2008	$ 120,512.32	-$ 60,444.35	$ 60,067.97	2300141614

2009

Catorcena	Fecha de Deposito	Percepciones Brutas	Deducciones	Precepciones Netas	N° de documento
200901	15/01/2009	$ 189,446.79	-$ 78,761.77	$ 110,685.02	2300005190
200902	29/01/2009	$ 541,446.28	-$ 177,551.79	$ 363,894.49	2300008000
200903	12/02/2009	$ 120,800.36	-$ 59,994.37	$ 60,805.99	2300014322
200904	26/02/2009	$ 836,532.21	-$ 754,254.26	$ 82,277.95	2300020326
200905	12/03/2009	$ 120,800.36	-$ 59,994.37	$ 60,805.99	2300025293
200906	26/03/2009	$ 300,540.62	-$ 110,321.65	$ 190,218.97	2300029399
200907	09/04/2009	$ 120,800.37	-$ 59,994.37	$ 60,806.00	2300036281
200908	23/04/2009	$ 150,622.53	-$ 68,344.58	$ 82,277.95	2300037878
200909	07/05/2009	$ 120,800.34	-$ 59,994.36	$ 60,805.98	2300046569
200910	21/05/2009	$ 150,622.53	-$ 68,344.58	$ 82,277.95	2300050348
200911	04/06/2009	$ 459,484.67	-$ 59,994.36	$ 399,490.31	2300056517
200912	18/06/2009	$ 150,622.53	-$ 68,344.58	$ 82,277.95	2300060669
200913	02/07/2009	$ 120,800.36	-$ 59,994.37	$ 60,805.99	2300064989
200914	16/07/2009	$ 150,622.53	-$ 68,344.58	$ 82,277.95	2300072051
200915	30/07/2009	$ 120,800.36	-$ 59,994.37	$ 60,805.99	2300077246
200916	13/08/2009	$ 1,161,406.86	-$ 294,800.70	$ 866,606.16	2300084410
200917	27/08/2009	$ 146,284.58	-$ 66,604.01	$ 79,680.57	2300087046
200918	10/09/2009	$ 117,326.22	-$ 58,495.67	$ 58,830.55	2300092884

ANEXOS

200919	24/09/2009	$ 285,949.83	-$ 105,710.28	$ 180,239.55	2300095104
200920	08/10/2009	$ 117,326.25	-$ 58,495.68	$ 58,830.57	2300100774
200921	22/10/2009	$ 146,284.58	-$ 66,604.01	$ 79,680.57	2300105185
200922	05/11/2009	$ 117,326.25	-$ 58,495.68	$ 58,830.57	2300109113
200923	19/11/2009	$ 146,284.58	-$ 66,604.01	$ 79,680.57	2300117334
200924	03/12/2009	$ 465,402.16	-$ 66,748.52	$ 398,653.64	2300121104
200925	17/12/2009	$ 146,666.52	-$ 66,942.23	$ 79,724.29	2300124671
200926	31/12/2009	$ 117,326.25	-$ 58,729.76	$ 58,596.49	2300129853

2010

Catorcena	Fecha de Deposito	Percepciones Brutas	Deducciones	Precepciones Netas	N° de documento
201001	14/01/2010	$ 156,846.18	-$ 72,111.85	$ 84,734.33	2300002164
201002	28/01/2010	$ 568,029.69	-$ 195,725.35	$ 372,304.34	2300006519
201003	11/02/2010	$ 1,125,642.28	-$ 363,261.70	$ 762,380.58	2300013878
201004	25/02/2010	$ 148,029.83	-$ 69,977.97	$ 78,051.86	2300017105
201005	11/03/2010	$ 118,244.11	-$ 61,042.25	$ 57,201.86	2300020943
201006	25/03/2010	$ 297,355.54	-$ 114,775.68	$ 182,579.86	2300024809
201007	08/04/2010	$ 118,244.11	-$ 61,042.25	$ 57,201.86	2300032878
201008	22/04/2010	$ 149,529.83	-$ 69,977.97	$ 79,551.86	2300036410
201009	06/05/2010	$ 118,244.11	-$ 61,042.25	$ 57,201.86	2300041320
201010	20/05/2010	$ 148,029.83	-$ 70,208.74	$ 77,821.09	2300046550
201011	03/06/2010	$ 447,118.11	-$ 61,273.02	$ 385,845.09	2300050374
201012	17/06/2010	$ 148,029.83	-$ 70,208.74	$ 77,821.09	2300056231
201013	01/07/2010	$ 118,244.08	-$ 61,273.01	$ 56,971.07	2300060647
201014	15/07/2010	$ 148,029.83	-$ 70,208.74	$ 77,821.09	2300065736
201015	29/07/2010	$ 118,244.11	-$ 61,273.02	$ 56,971.09	2300068134
201016	12/08/2010	$ 1,170,320.85	-$ 376,896.04	$ 793,424.81	2300072937
201017	26/08/2010	$ 148,029.83	-$ 70,208.74	$ 77,821.09	2300079055
201018	09/09/2010	$ 118,244.11	-$ 61,273.02	$ 56,971.09	3900002208
201019	23/09/2010	$ 296,561.25	-$ 114,768.16	$ 181,793.09	3900007237
201020	07/10/2010	$ 118,244.08	-$ 61,273.01	$ 56,971.07	3900008833
201021	21/10/2010	$ 148,029.83	-$ 70,208.74	$ 77,821.09	3900012685
201022	04/11/2010	$ 118,244.08	-$ 61,273.01	$ 56,971.07	3900016979
201023	18/11/2010	$ 148,029.83	-$ 70,355.77	$ 77,674.06	3900023462
201024	02/12/2010	$ 472,075.51	-$ 72,576.60	$ 399,498.91	3900028971
201025	16/12/2010	$ 148,458.40	-$ 70,598.61	$ 77,859.79	3900029694
201026	30/12/2010	$ 118,244.11	-$ 61,534.32	$ 56,709.79	3900034046

2011

Catorcena	Fecha de Deposito	Percepciones Brutas	Deducciones	Precepciones Netas	N° de documento
201101	13/01/2011	$ 157,176.36	-$ 72,405.29	$ 84,771.07	3900002724
201102	27/01/2011	$ 590,744.52	-$ 202,744.93	$ 387,999.59	3900006214
201103	10/02/2011	$ 1,314,941.47	-$ 420,265.71	$ 894,675.76	3900012451
201104	24/02/2011	$ 151,548.37	-$ 71,247.78	$ 80,300.59	3900013248

Ciudad de México, a 08 de diciembre de 2022.
Unidad de Transparencia

Estimado solicitante

Con relación a su requerimiento de información con número de folio **3300310220002548**, en el que solicita lo siguiente:

"En apego a la Ley de Transparencia solicito copia de los recibos correspondientes al finiquito y/o compensación, y/o liquidación, y todas y cada uno de las prestaciones económicas que este Instituto dio a Víctor Manuel Borrás Setién, en la conclusión de su desempeño como director de este Instituto"

Con fundamento en los artículos 131 y 133 de la Ley General de Transparencia y Acceso a la Información Pública; artículos 133 y 135 de la Ley Federal de Transparencia y Acceso a la Información Pública, y una vez realizada la consulta a la **Subdirección General de Administración y Recursos Humanos**, unidad administrativa competente en el Instituto del Fondo Nacional de la Vivienda para los Trabajadores para atender su solicitud, manifiesta lo siguiente:

Se adjunta en archivo PDF el recibo de pago del finiquito y haber de retiro que recibió el exdirector general Víctor Manuel Borras Setién.

Con relación a las prestaciones de las y los trabajadores del Instituto, estas se encuentran publicadas en el portal institucional y pueden consultarse en la siguiente liga:

https://portalmx.infonavit.org.mx/wps/wcm/connect/4e87c95b-
e310-47a8-b0bf-
4949d23039e4/Prestaciones_economicas_aplicables_a_todo_el_p
ersonal_2022.pdf?MOD=AJPERES&CONVERT_TO=url&CACHEID=
ROOTWORKSPACE-4e87c95b-e310-47a8-b0bf-4949d23039e4-
nWsJwAH.

Atentamente
Jose Manuel Medina Bocanegra
Gerente de Obligaciones de Transparencia
Unidad de Transparencia
INFONAVIT

Barranca del Muerto núm. 280, col. Guadalupe Inn, alcaldía Álvaro Obregón, C.P. 01020, Ciudad de México   Conmutador 55 5322 6600

1

VICTOR MANUEL BORRÁS SETIÉN

Concepto	Percepciones Brutas	Deducciones	Percepciones Netas
Finiquito	$3,396,958.46	$1,317,206.54	$2,079,751.92
Haber de retiro	$8,012,327.40	$1,028,628.20	$6,983,699.20
Total	$11,409,285.86	$2,345,834.74	$9,063,451.12

Respuesta a solicitud de la autora sobre el monto total que como finiquito recibió Víctor Manuel Borrás del Infonavit.

2012
Alejadro Murat Hinojosa
Puesto: **Director General**

Catorcena	Fecha de Deposito	Percepciones Brutas	Deducciones	Percepciones Netas	N° de Documento
201226	27/12/2012	$ 175,520.23	-$ 68,962.52	$ 106,557.71	3900102284

2013

Catorcena	Fecha de Deposito	Percepciones Brutas	Deducciones	Percepciones Netas	N° de Documento
201301	10/01/2013	$ 115,099.19	-$ 48,196.97	$ 66,901.22	3900001151
201302	21/01/2013	$ 115,099.22	-$ 51,212.68	$ 63,885.54	3900007491
201303	07/02/2013	$ 115,151.19	-$ 51,235.59	$ 63,915.60	3900012048
201304	21/02/2013	$ 145,036.22	-$ 60,187.18	$ 84,849.04	3900014820
201305	03/03/2013	$ 115,151.19	-$ 51,221.67	$ 63,929.52	3900020365
201306	21/03/2013	$ 293,696.72	-$ 104,785.33	$ 188,911.39	3900003645
201307	04/04/2013	$ 115,151.19	-$ 51,221.67	$ 63,929.52	3900020415
201308	18/04/2013	$ 145,036.22	-$ 60,187.18	$ 84,849.04	3900030663
201309	02/05/2013	$ 115,151.22	-$ 51,221.68	$ 63,929.54	3900033902
201310	14/05/2013	$ 145,036.22	-$ 60,187.18	$ 84,849.04	1500734581
201311	30/05/2013	$ 115,151.22	-$ 51,221.68	$ 63,929.54	3900042122
201312	13/06/2013	$ 424,148.19	-$ 51,221.67	$ 372,926.52	3900047367
201313	27/06/2013	$ 145,036.22	-$ 60,187.18	$ 84,849.04	3900051890
201314	11/07/2013	$ 115,151.22	-$ 51,221.68	$ 63,929.54	3900057280
201315	25/07/2013	$ 145,036.22	-$ 60,187.18	$ 84,849.04	3900059488
201316	08/08/2013	$ 1,128,878.22	-$ 355,339.78	$ 773,538.44	3900065591
201317	22/08/2013	$ 145,036.22	-$ 60,187.18	$ 84,849.04	3900067166
201318	05/09/2013	$ 115,151.22	-$ 51,221.68	$ 63,929.54	3900074456
201319	19/09/2013	$ 294,530.72	-$ 105,035.53	$ 189,495.19	3900078540
201320	03/10/2013	$ 115,151.22	-$ 51,221.68	$ 63,929.54	3900079593
201321	17/10/2013	$ 145,036.22	-$ 60,187.18	$ 84,849.04	3900084065
201322	31/10/2013	$ 115,151.22	-$ 51,221.68	$ 63,929.54	3900089690
201323	14/11/2013	$ 115,151.22	-$ 51,221.68	$ 63,929.54	3900093131
201324	28/11/2013	$ 145,036.22	-$ 60,187.18	$ 84,849.04	3900099093
201325	12/12/2013	$ 701,953.02	-$ 126,562.67	$ 575,390.35	3900102169
201326	26/12/2013	$ 145,036.22	-$ 60,481.78	$ 84,554.44	3900105513

2014

Catorcena	Fecha de Deposito	Percepciones Brutas	Deducciones	Percepciones Netas	N° de Documento
201401	09/01/2014	$ 154,886.52	-$ 68,218.57	$ 86,667.95	3900002171
201402	23/01/2014	$ 145,017.52	-$ 65,471.51	$ 79,546.01	3900006320
201403	06/02/2014	$ 1,206,895.52	-$ 437,120.06	$ 769,775.46	3900009268
201404	20/02/2014	$ 145,074.52	-$ 65,482.71	$ 79,591.81	3900013322
201405	06/03/2014	$ 115,189.52	-$ 55,022.96	$ 60,166.56	3900020892
201406	20/03/2014	$ 293,735.02	-$ 117,513.89	$ 176,221.13	3900023007

Algunas de las contraprestaciones de Alejandro Murat como director del instituto.

201407	03/04/2014	$ 115,189.52	-$ 55,022.96	$ 60,166.56	3900027930
201408	17/04/2014	$ 145,074.52	-$ 65,482.71	$ 79,591.81	3900034077
201409	01/05/2014	$ 115,189.49	-$ 55,022.95	$ 60,166.54	3900038205
201410	15/05/2014	$ 145,074.52	-$ 65,482.71	$ 79,591.81	3900040044
201411	29/05/2014	$ 115,189.52	-$ 55,022.96	$ 60,166.56	3900043666
201412	12/06/2014	$ 444,063.52	-$ 55,022.96	$ 389,040.56	3900048211
201413	26/06/2014	$ 145,074.52	-$ 65,482.71	$ 79,591.81	3900055572
201414	10/07/2014	$ 115,189.49	-$ 55,022.95	$ 60,166.54	3900057661
201415	24/07/2014	$ 145,074.52	-$ 65,482.71	$ 79,591.81	3900064370
201416	07/08/2014	$ 1,206,895.49	-$ 437,120.05	$ 769,775.44	3900068621
201417	21/08/2014	$ 145,074.52	-$ 65,482.71	$ 79,591.81	3900073402
201418	04/09/2014	$ 950,023.49	-$ 347,214.85	$ 602,808.64	3900074996
201419	18/09/2014	$ 294,569.02	-$ 117,805.79	$ 176,763.23	3900080825
201420	02/10/2014	$ 115,189.52	-$ 55,022.96	$ 60,166.56	3900087447
201421	16-oct-14	$ 145,074.52	-$ 65,482.71	$ 79,591.81	3900087806
201422	30-oct-14	$ 115,189.52	-$ 55,022.96	$ 60,166.56	3900093226
201423	13-nov-14	$ 115,189.49	-$ 55,022.95	$ 60,166.54	3900100768
201424	27-nov-14	$ 145,074.52	-$ 65,482.71	$ 79,591.81	3900101770
201425	11-dic-14	$ 709,821.96	-$ 145,844.19	$ 563,977.77	3900106581
201426	25-dic-14	$ 145,074.52	-$ 65,840.06	$ 79,234.46	3900112668

2015

Catorcena	Fecha de Deposito	Percepciones Brutas	Deducciones	Precepciones Netas	N° de documento
201501	08/01/2015	$ 154,922.54	-$ 68,176.56	$ 86,745.98	3900004133
201502	21/01/2015	$ 145,053.54	-$ 65,459.19	$ 79,594.35	1500083820
201503	04/02/2015	$ 2,041,770.54	-$ 729,300.69	$ 1,312,469.85	1500155631
201504	18/02/2015	$ 145,115.54	-$ 65,471.44	$ 79,644.10	1500245122
201505	04/03/2015	$ 115,230.54	-$ 55,011.69	$ 60,218.85	1500346693
201506	18/03/2015	$ 293,784.60	-$ 118,505.61	$ 175,278.99	1500427014
201507	27/03/2015	$ 115,230.54	-$ 56,011.69	$ 59,218.85	1500488250
201508	15/04/2015	$ 145,101.22	-$ 66,466.43	$ 78,634.79	1500573130
201509	29/04/2015	$ 115,216.22	-$ 56,006.68	$ 59,209.54	1500681136
201510	13/05/2015	$ 115,216.22	-$ 56,006.68	$ 59,209.54	1500775109
201511	27/05/2015	$ 145,101.22	-$ 66,466.43	$ 78,634.79	1500863781
201512	10/06/2015	$ 444,090.22	-$ 56,006.68	$ 388,083.54	1500962067
201513	24/06/2015	$ 145,101.22	-$ 66,466.43	$ 78,634.79	1501061498
201514	08/07/2015	$ 115,216.22	-$ 56,006.68	$ 59,209.54	1501153373
201515	22/07/2015	$ 145,101.22	-$ 66,466.43	$ 78,634.79	1501225453
201516	16/08/2015	$ 2,041,756.22	$ 730,295.68	$ 1,311,460.54	1501383114
201517	18/08/2015	$ 145,101.22	-$ 66,466.43	$ 78,634.79	1501305605
201518	02/09/2015	$ 115,216.22	-$ 56,006.68	$ 59,209.54	1501474152
201519	15/09/2015	$ 294,587.16	-$ 118,786.51	$ 175,800.65	1501551695
201520	30/09/2015	$ 115,216.19	-$ 56,006.67	$ 59,209.52	1501658759
201521	14/10/2015	$ 145,072.74	-$ 66,456.46	$ 78,616.28	1501752349
201522	28/10/2015	$ 115,201.98	-$ 56,001.70	$ 59,200.28	1501849067

Nombre: **David Penchyna Grub**
Puesto: **Director General**

2016

Catorcena	Fecha de Deposito	Percepciones Brutas	Deducciones	Precepciones Netas	N° de documento
201606	14/03/2016	$ 185,638.12	-$ 72,853.54	$ 112,784.58	3900026569
201607	28/03/2016	$ 115,243.97	-$ 54,989.66	$ 60,254.31	3900031034
201608	11/04/2016	$ 115,243.97	-$ 54,989.66	$ 60,254.31	3900033896
201609	25/04/2016	$ 115,243.97	-$ 54,989.66	$ 60,254.31	3900038428
201610	09/05/2016	$ 115,243.97	-$ 54,989.66	$ 60,254.31	3900045928
201611	23/05/2016	$ 145,128.97	-$ 65,449.41	$ 79,679.56	3900049103
201612	06/06/2016	$ 261,610.97	-$ 54,989.66	$ 206,621.31	3900053751
201613	20/06/2016	$ 145,128.97	-$ 65,449.41	$ 79,679.56	3900057768
201614	04/07/2016	$ 115,243.94	-$ 54,989.65	$ 60,254.29	3900060489
201615	18/07/2016	$ 145,128.97	-$ 65,449.41	$ 79,679.56	3900067324
201616	01/08/2016	$ 811,056.55	-$ 298,524.07	$ 512,532.48	3900073426
201617	15/08/2016	$ 145,128.97	-$ 65,449.41	$ 79,679.56	3900077129
201618	01/09/2016	$ 115,243.94	-$ 54,989.65	$ 60,254.29	3900079757
201619	12/09/2016	$ 295,459.37	-$ 118,065.05	$ 177,394.32	3900085520
201620	26/09/2016	$ 115,243.97	-$ 54,989.66	$ 60,254.31	3900091553
201621	10/10/2016	$ 115,243.94	-$ 54,989.65	$ 60,254.29	3900093787
201622	24/10/2016	$ 145,128.97	-$ 65,449.41	$ 79,679.56	3900098632
201623	07/11/2016	$ 115,243.94	-$ 54,989.65	$ 60,254.29	3900102588
201624	22/11/2016	$ 145,128.97	-$ 65,449.41	$ 79,679.56	3900107140
201625	05/12/2016	$ 514,516.73	-$ 78,111.05	$ 436,405.68	3900111947
201600	09/12/2016	$ 827,555.62	-$ 285,455.62	$ 542,100.00	3900115468
201626	19/12/2016	$ 145,128.97	-$ 65,449.41	$ 79,679.56	3900116553

2017

Catorcena	Fecha de Deposito	Percepciones Brutas	Deducciones	Precepciones Netas	N° de documento
201701	05/01/2017	$ 115,243.97	-$ 54,222.74	$ 61,021.23	3900002807
201702	19/01/2017	$ 145,128.97	-$ 65,449.41	$ 79,679.56	3900008982
201703	02/02/2017	$ 1,206,992.79	-$ 437,050.97	$ 769,941.82	3900010569
201704	16/02/2019	$ 145,171.79	-$ 65,440.85	$ 79,730.94	3900018658
201700	02/03/2017	$ 827,555.62	-$ 285,455.62	$ 542,100.00	3900023584
201705	02/03/2017	$ 115,286.79	-$ 54,981.10	$ 60,305.69	3900021526
201706	16/03/2017	$ 518,247.76	-$ 195,621.11	$ 322,626.65	3900025542
201707	30/03/2017	$ 115,286.79	-$ 54,981.10	$ 60,305.69	3900028975
201708	13/04/2017	$ 115,286.76	-$ 54,981.09	$ 60,305.67	3900035641
201709	27/04/2017	$ 145,171.79	-$ 65,440.85	$ 79,730.94	3900038379
201710	11/05/2017	$ 115,286.79	-$ 62,209.10	$ 53,077.69	3900043066
201711	25/05/2017	$ 145,171.79	-$ 72,668.85	$ 72,502.94	3900050874
201712	08/06/2017	$ 444,160.79	-$ 54,981.10	$ 389,179.69	3900054588
201713	22/06/2017	$ 145,171.79	-$ 65,440.85	$ 79,730.94	3900057203

Algunas de las contraprestaciones de David Penchyna como director del instituto.

Catorcena	Fecha de Deposito	Percepciones Brutas	Deducciones	Precepciones Netas	N° de documento
201714	06/07/2017	$ 115,286.79	-$ 54,981.10	$ 60,305.69	3900065479
201715	20/07/2017	$ 145,171.79	-$ 65,440.85	$ 79,730.94	3900066182
201716	03/08/2017	$ 1,206,992.79	-$ 444,145.16	$ 762,847.63	3900074603
201717	17/08/2017	$ 145,171.79	-$ 72,507.81	$ 72,663.98	3900076083
201700	28/08/2017	$ 827,555.62	-$ 285,455.62	$ 542,100.00	3900085210
201718	31/08/2017	$ 115,286.79	-$ 62,048.06	$ 53,238.73	3900084400
201719	14/09/2017	$ 115,286.79	-$ 62,048.06	$ 53,238.73	3900086662
201720	28/09/2017	$ 294,666.29	-$ 124,830.88	$ 169,835.41	3900090559
201721	12/10/2017	$ 115,286.79	-$ 62,048.06	$ 53,238.73	3900099428
201722	26/10/2017	$ 145,171.79	-$ 72,507.81	$ 72,663.98	3900100199
201723	09/11/2017	$ 115,286.79	-$ 62,048.06	$ 53,238.73	3900105515
201724	23/11/2017	$ 145,171.79	-$ 72,679.36	$ 72,492.43	3900110238
201725	07/12/2017	$ 465,147.91	-$ 65,695.00	$ 399,452.91	3900118590
201726	21/12/2017	$ 145,171.79	-$ 72,918.71	$ 72,253.08	3900120747

2018

Catorcena	Fecha de Deposito	Percepciones Brutas	Deducciones	Precepciones Netas	N° de documento
201801	04/01/2018	$ 155,040.76	-$ 74,727.57	$ 80,313.19	3900001457
201802	18/01/2018	$ 145,171.79	-$ 72,066.07	$ 73,105.72	3900005608
201803	01/02/2018	$ 1,239,162.77	-$ 454,876.71	$ 784,286.06	3900009835
201800	07/01/2018	$ 826,484.57	-$ 284,384.57	$ 542,100.00	4200000010
201804	15/02/2018	$ 145,232.80	-$ 72,058.00	$ 73,174.80	3900017126
201805	01/03/2018	$ 115,347.77	-$ 61,674.20	$ 53,673.57	3900021211
201806	15/03/2018	$ 544,371.30	-$ 211,333.33	$ 333,037.97	3900028428
201807	29/03/2018	$ 115,347.80	-$ 61,674.21	$ 53,673.59	3900033761
201808	12/04/2018	$ 115,347.80	-$ 61,674.21	$ 53,673.59	3900034605
201809	26/04/2018	$ 145,232.80	-$ 72,058.00	$ 73,174.80	3900043604
201810	10/05/2018	$ 115,347.77	-$ 61,674.20	$ 53,673.57	3900045300
201811	24/05/2018	$ 145,232.80	-$ 72,058.00	$ 73,174.80	3900053474
201812	07/06/2018	$ 444,221.77	-$ 69,119.04	$ 375,102.73	3900058281
201813	21/06/2018	$ 145,232.80	-$ 79,502.84	$ 65,729.96	3900063065
201814	05/07/2018	$ 115,347.80	-$ 61,674.21	$ 53,673.59	3900068282
201815	19/07/2018	$ 145,232.80	-$ 72,058.00	$ 73,174.80	3900069858
201816	02/08/2018	$ 1,239,162.80	-$ 454,933.50	$ 784,229.30	3900075229
201800	16/08/2018	$ 826,484.57	-$ 284,384.57	$ 542,100.00	3900083997
201817	16/08/2018	$ 145,232.80	-$ 72,058.00	$ 73,174.80	3900079610
201818	30/08/2018	$ 115,347.80	-$ 61,674.21	$ 53,673.59	3900088076
201819	13/09/2018	$ 115,347.77	-$ 61,674.20	$ 53,673.57	3900093130
201820	27/09/2018	$ 294,727.30	-$ 124,381.08	$ 170,346.22	3900094936
201821	11/10/2018	$ 115,347.80	-$ 61,674.21	$ 53,673.59	3900100179
201822	25/10/2018	$ 145,232.80	-$ 72,058.00	$ 73,174.80	3900105082
201823	08/11/2018	$ 115,347.80	-$ 61,674.21	$ 53,673.59	3900112816
201824	22/11/2018	$ 145,232.80	-$ 72,058.00	$ 73,174.80	3900117845
201825	06/12/2018	$ 466,911.34	-$ 64,843.06	$ 402,068.28	3900120063

ANEXOS

Texto Eliminado: Número de Seguridad Social (NSS), Número de cuenta, Clave Única de Registro de Población (CURP) y Registro Federal de Contribuyente (RFC) constituyen información confidencial, al tratarse de datos personales concernientes a una persona identificada, asimismo se testaron la clave, el concepto y el monto de deducciones registradas, ya que corresponden a decisiones personales sobre el uso y destino que una persona servidora pública dio a su patrimonio.

Fundamento legal: Artículo 113, fracción I, de la *Ley Federal de Transparencia y Acceso a la Información Pública*, en relación con el diverso 116 de la *Ley General de Transparencia y Acceso a la Información Pública*, así como en el Trigésimo Octavo, fracción I, de los *Lineamientos generales en materia de clasificación y desclasificación de la información, así como para la elaboración de versiones públicas.*

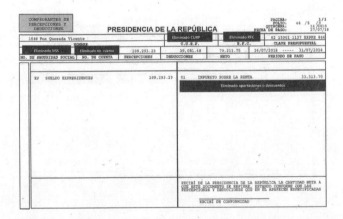

Texto Eliminado: Número de Seguridad Social (NSS), Número de cuenta, Clave Única de Registro de Población (CURP) y Registro Federal de Contribuyente (RFC) constituyen información confidencial, al tratarse de datos personales concernientes a una persona identificada, asimismo se testaron la clave, el concepto y el monto de deducciones registradas, ya que corresponden a decisiones personales sobre el uso y destino que una persona servidora pública dio a su patrimonio.

Fundamento legal: Artículo 113, fracción I, de la *Ley Federal de Transparencia y Acceso a la Información Pública*, en relación con el diverso 116 de la *Ley General de Transparencia y Acceso a la Información Pública*, así como en el Trigésimo Octavo, fracción I, de los *Lineamientos generales en materia de clasificación y desclasificación de la información, así como para la elaboración de versiones públicas.*

Documentos de pagos de sueldo de Vicente Fox como expresidente.

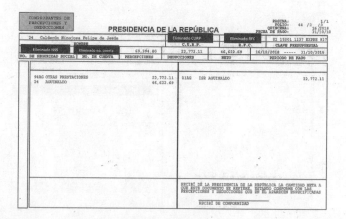

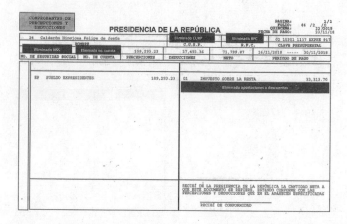

Documentos de pagos de sueldo de Felipe Calderón como expresidente.

TITULO DE PERMISO

DE AUTOABASTECIMIENTO DE ENERGIA ELECTRICA

NUM. E/205/AUT/2002

OTORGADO A

IBERDROLA ENERGIA MONTERREY, S.A. DE C.V.

10 de enero, 2002

Núm.	Socio	Demanda (MW) h
	Planta Monterrey	60
	Planta Monterrey (400 KV)	252
27.	Industria Química del ISTMO, S.A. de C.V.	15
28.	Instrumentos Axa Yazaki, S.A. de C.V.	0.85
29.	Instituto Tecnológico y de Estudios Superiores de Monterrey Campus Monterrey	5.7
30.	Kir Alimentos, S. de R.L. de C.V.	3.07
31.	Lumisistemas GE, S. de R.L. de C.V.	1.27
32.	Magnekon, S.A de C.V.	6.90
33.	Nemak, S.A.	25
34.	Nylon de México, S. A.	19.6
35.	Axa Yazaki México, S.A de C.V.	0.79
36.	Polykron, S.A de C.V.	4.6
37.	Prolec-Ge, S. de R.L. de C.V.	5.58
38.	Rot Química S.A de C.V.	6.5
39.	Sigma Alimentos Noreste, S.A. de C.V.	2
40.	Sistema Ambiental Industrial, S.A. de C.V.	1
41.	Talleres Industriales, S.A. de C.V.	3
42.	Terza, S.A. de C.V.	
	Planta del Carmen	3.4
	Planta Santa Rosa	3.3
43.	Tisamatic Internacional, S. de R.L. de C.V.	13.
44.	Ucar Carbon Mexicana, S.A. de C.V.	49.

CUARTA. Planes de expansión. Las personas que se listan a continú encuentran previstas en los planes de expansión presentado permisionaria y podrán incluirse al aprovechamiento de la energía elé se genere, una vez satisfechos los supuestos del artículo 102 del Re de la Ley del Servicio Público de Energía Eléctrica:

Permiso autoabastecimiento
Iberdrola y socios. E/205/AUT/2002

Núm.	Empresa.	Núm.	Empresa.
1.	Alcoa Fujikura de Apodaca, S.A. de C.V.	56.	Industrial Mexicana, S.A. de C.V.
2.	Altos Hornos de México, S.A de C.V	57.	Industrias Monterrey, S.A. de C.V.
3.	Alumax Extrusions México, S.A. de C.V.	58.	Kimberly Clark de México, S.A. Planta Ramos Arizpe
4.	Apm, S.A. de C.V.	59.	Kimberly Clark de México, S.A. Planta San Juan
5.	Bosque Real Country Club	60.	Kimberly Clark de México, S.A. Planta Tlaxcala
6.	Cadena Comercial Oxxo, S.A de C.V.	61.	Lafarge Cementos, S.A. de C.V.
7.	Carplastic, S.A.	62.	Lámina Desplegada, S.A. de C.V.
8.	Cartonpack, S.A de C.V., Apodaca	63.	Lámina y Placa de Monterrey, S.A. de C.V.
9.	Cartonpack, S.A. de C.V., San Nicolás	64.	Lamosa Revestimientos, S.A. de C.V.
10.	Cementos de Chihuahua, S.A. de C.V.	65.	Linde de México, S.A.
11.	Cervecería Moctezuma Orizaba, S.A. de C.V.	66.	Logística-CCM, S.A. de C.V. (Antes Femsa Logística)
12.	Cloro de Tehuantepec, S.A. de C.V.	67.	Metalsa, S.A de C.V.
13.	Coca-Cola Femsa, S.A. de C.V.	68.	Metro Rey, S.A. de C.V.
14.	Colgate Palmolive, S.A. de C.V.	69.	Minas San Luis, S.A. de C.V.
15.	Colombin Bel, S.A. de C.V.	70.	Ogihara Proeza México, S. de R.L. de C.V.
16.	Compañía Minera Autlán	71.	Palmex Alimentos, S.A de C.V.
17.	Complex Química, S.A. de C.V.	72.	Papeles de Calidad San Rafael, S.A de C.V.
18.	Corporación Durango, S.A. de C.V.	73.	Papeles Higiénicos de México, S.A. de C.V.
19.	Corporativo Grupo Imsa, S.A. de C.V.	74.	Petrocel, S.A.
20.	Crisoba Industrial, S.A de C.V., Planta Ecatepec	75.	Polietileno y Derivados de Monterrey, S.A.
21.	Crisoba Industrial, S.A de C.V., Planta Texmelucan	76.	Polycyd, S.A de C.V.
22.	Cryoinfra, S.A. de C.V.	77.	Praxair de México, S.A de C.V.
23.	Cuprum, S.A. de C.V.	78.	Productos Laminados de Monterrey, S.A. de C.V.
24.	Deacero, S.A. de C.V.	79.	Proeza, S.A de C.V.
25.	Denso México, S.A. de C.V.	80.	Protexa, S.A. de C.V.
26.	Dupont Powder Coatings de México, S.A. de C.V.	81.	Quimobásicos, S.A de C.V.
27.	Dupont, S.A. de C.V. y sus filiales	82.	Servicios de Agua y Drenaje de Monterrey, I.P.D., Planta Norte
28.	Enertek, S.A. de C.V.	83.	Servicios de Agua y Drenaje de Monterrey, I.P.D., P. Dulces Nombres
29.	Fabricación de Máquinas, S.A. de C.V.	84.	Servicios Femsa Logística, S.A. de C.V.
30.	Femsa Cerveza, S.A. de C.V.	85.	Servicios Industriales de Monterrey, S.A.
31.	Femsa Comercio, S.A. de C.V.	86.	Servicios Logísticos CCM, S.A. de C.V.
32.	Femsa Empaques, S.A. de C.V.	87.	Servicios Minero Metalúrgicos de Occidente, S.A. de C.V.
33.	Femsa Logística, S.A. de C.V.	88.	Siderúrgica Lázaro Cárdenas "Las Truchas", S.A de C.V.
34.	Femsa Servicios, S.A. de C.V.	89.	Sílice Del Istmo, S.A. de C.V.
35.	Finacril - Kaltex, S.A de C.V.	90.	Solva y Química y Minera, S.A. de C.V.
36.	G.E. Plastics, S.A. de C.V.	91.	Tisa Industrial, S. de R.L. de C.V.
37.	Gas Natural México, S.A. de C.V.	92.	Tubacero, S.A. de C.V.
38.	GCC Cementos S.A de C.V.	93.	Tubería Nacional, S.A. de C.V.
39.	Gimsa, S.A. de C.V.	94.	Tubos de Acero de México, S.A. de C.V.
40.	Girsa, S.A de C.V.	95.	Unicarb Industrial, S.A. de C.V.
41.	Grupo Cydsa y sus Filiales	96.	Universidad de Monterrey
42.	Grupo Empresarial Villacero y sus Filiales.	97.	Univex, S.A.
43.	Grupo Imsa y Sus Filiales.	98.	Válvulas Orión, S.A. de C.V.
44.	Grupo Industrial Durango, S.A. de C.V.	99.	Vidriera México, S.A de C.V.
45.	Grupo Maseca, S.A. de C.V.	100.	Vidriera Monterrey, S.A.
46.	Hospital San José de Monterrey, S.A. de C.V.	101.	Vidrio Plano de México, S.A de C.V.
47.	Ideal Standard, S.A. de C.V.	102.	Vitro American National Can, S.A. de C.V.
48.	Iemsa Transformadores, S.A. de C.V.	103.	Vitrofibras, S.A. de C.V.
49.	Imsa Signode, S.A. de C.V.	104.	Vitro Flex, S.A de C.V.
50.	Indalum, S.A.	105.	Vitro Flotado, S.A de C.V.
51.	Indelpro, S.A de C.V.	106.	Vitrocrisa, S.A de C.V., Planta C
52.	Industria Química del Istmo, S.A. de C.V. (Planta Coatzacoalcos)	107.	Vitrocrisa, S.A de C.V., Planta M
53.	Industrial Papelera Mexicana, S.A. de C.V.	108.	Voltrak, S.A. de C.V.
54.	Industrias Acros Whirlpool, S.A. de C.V.	109.	Zincacero, S.A. de C.V.
55.	Industrias Alcali, S.A de C.V.		

QUINTA. Descripción de las instalaciones. El proyecto tiene por objeto la generación de energía eléctrica bajo la modalidad de autoabastecimiento, para satisfacer las necesidades de los socios de la permisionaria, para lo cual utilizará tres unidades interconectadas eléctricamente, denominadas 3, 4 y 5, mismas que se describen a continuación:

E/205/AUT/2002

4

Permiso autoabastecimiento Iberdrola y socios.
(*Continuación*)

México-España, 40 aniversario / Embajada de México en España

< arriba
Visita de trabajo del presidente Felipe Calderón a España. Encuentro entre el presidente
Felipe Calderón y el presidente José Luis Rodríguez Zapatero. Enero de 2007.
Fuente: Acervo Secretaría de Relaciones Exteriores.

< abajo
Visita de trabajo del presidente de México. Cena ofrecida por el rey Juan Carlos I
en honor del presidente Felipe Calderón. Palacio Real. Enero de 2007.
Fuente: Casa Real.

<
Visita oficial del presidente José Luis Rodríguez
Zapatero a México. Palacio Nacional.
Julio de 2007.
Fuente: Acervo Secretaría de Relaciones
Exteriores.

<
Visita oficial del presidente de España.
Palacio Nacional.
Julio de 2007.
Fuente: Acervo Secretaría de Relaciones
Exteriores.

Felipe Calderón Hinojosa / 2006-2012

Los Calderón Zavala en sus frecuentes visitas a España.

Visita de Estado del presidente Felipe Calderón a España. Ceremonia de bienvenida. El rey Juan Carlos I y la reina Sofía; el presidente Felipe Calderón y la señora Margarita Zavala. Palacio de El Pardo. Junio de 2008. Fuente: Casa Real.

Visita de Estado del presidente de México. Cena de Estado ofrecida por el rey Juan Carlos I en honor del presidente Felipe Calderón. Palacio Real. Enero de 2008. Fuente: Casa Real.

México-España, 40 aniversario / Embajada de México en España

^
Visita de Estado del presidente de México. Visita a las Cortes Generales de España. Junio de 2008. Fuente: Congreso de los Diputados.

<
Visita de Estado del presidente de México. Recepción de devolución del presidente Felipe Calderón a los reyes de España. Palacio de El Pardo. Junio de 2008. Fuente: Casa Real.

Felipe Calderón Hinojosa / 2006-2012

Los Calderón Zavala en sus encuentros con los reyes de España.

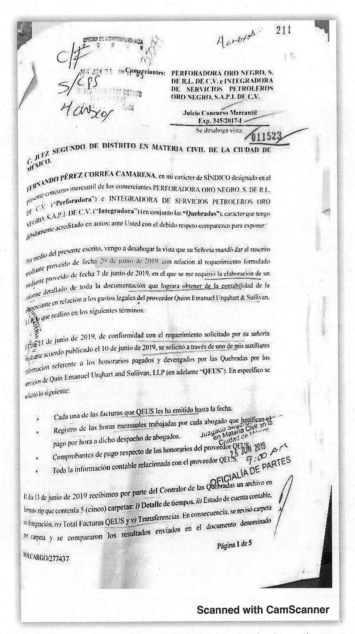

Uno de los expedientes del caso Oro Negro consultado por la autora.

GOBIERNO DE LA
CIUDAD DE MÉXICO

FISCALÍA CENTRAL DE INVESTIGACIÓN PARA LA ATENCIÓN DE DELITOS FINANCIEROS.
AGENCIA INVESTIGADORA DEL M.P.: C
UNIDAD DE INVESTIGACIÓN No.: 6 SIN DETENIDO
TURNO
CARPETA DE INVESTIGACIÓN No.:
CI-FDF/T/UI-1 S/D/00787/09-2018.
FRAUDE (MÁS DE 10,000 SALARIOS MÍNIMOS) - POR MEDIO DEL ENGAÑO O
APROVECHANDO EL ERROR SE HAGA ILÍCITAMENTE DE ALGUNA COSA O OBTENGA UN LUCRO
INDEBIDO EN BENEFICIO PROPIO O DE UN TERCERO

DIRECTA

ENTREVISTA DEL IMPUTADO ALONSO DEL VAL ECHEVERRÍA.- En la Ciudad de México,
siendo las 18:06 DIECIOCHO HORAS CON SEIS MINUTOS del día 03 del mes
de SEPTIEMBRE del año 2019, el suscrito Agente del Ministerio Público
adscrito a la Fiscalía INVESTIGACIÓN PARA LA ATENCIÓN DE DELITOS
FINANCIEROS, procede a registrar el siguiente acto de investigación
consistente en entrevista del IMPUTADO de conformidad con lo dispuesto en
los artículos 20 Apartado B, 21 de la Constitución Política de los Estados
Unidos Mexicanos, 113, 114, 115, 116, 127, 131 fracción XXIV y 217 del
Código Nacional de Procedimientos Penales: estando presente en esta oficina
el IMPUTADO que dijo llamarse ALONSO DEL VAL ECHEVERRÍA, por sus generales
manifestó llamarse como ha quedado escrito, y quien en este acto se
identifica con LICENCIA PARA CONDUCIR, expedida por la SEECRETARÍA DE
TRANSPORTE Y VIALIDAD, con número de folio ████████ ser de sexo
MASCULINO, tener 41 años de edad, estado civil CASADO, instrucción
LICENCIATURA, ocupación ABOGADO, originario de CIUDAD DE MEXICO, NO
APLICA NO APLICA, nacionalidad MEXICANA, con domicilio actual en ████
████████ EN LA CIUDAD DE MÉXICO, teléfono ██████ correo
████████ asistido de su DEFENSOR PARTICULAR de nombre
████████ licenciado en derecho o abogado titulado, quien
se identifica con cédula profesional número ████████ y toda vez que tiene
conocimiento de los hechos que se le imputan, mismos que denuncia el
DENUNCIANTE ████████ y al respecto MANIFIESTA que: DE
MANERA VOLUNTARIA SE IDENTIFICA CON LICENCIA PARA CONDUCIR, expedida por la
SEECRETARÍA DE TRANSPORTE Y VIALIDAD, con número de folio ████ Y SE
ENCUENTRA ASISTIDO EN ESTE ACTO POR SU DEFENSOR PARTICULAR, LICENCIADO
████████ QUIEN SE IDENTIFICA CON CÉDULA PROFESIONAL
NÚMERO ████ QUIENES SOLICITAN VOLUNTARIAMENTE; POR LO QUE, EN RELACIÓN A
LOS HECHOS QUE SE INVESTIGAN, Y ENTERADO DE LA IMPUTACIÓN QUE OBRA EN SU
CONTRA POR LOS DELITOS DE ADMINISTRACIÓN FRAUDULENTA Y ABUSO DE
CONFIANZA, QUE FORMULA EL DENUNCIANTE ████████, APODERADO

9 de 20

Declaración de Alonso del Val como testigo colaborador.

GOBIERNO DE LA CIUDAD DE MÉXICO

FISCALÍA CENTRAL DE INVESTIGACIÓN PARA LA ATENCIÓN DE DELITOS FINANCIEROS.
AGENCIA INVESTIGADORA DEL M.P.: C
UNIDAD DE INVESTIGACIÓN No.: 6 SIN DETENIDO
TURNO
CARPETA DE INVESTIGACIÓN No.:
CI-FDF/T/UI-1 S/D/00787/09-2018.
FRAUDE (MÁS DE 10,000 SALARIOS MÍNIMOS) - POR MEDIO DEL ENGAÑO O
APROVECHANDO EL ERROR SE HAGA ILÍCITAMENTE DE ALGUNA COSA O OBTENGA UN LUCRO
INDEBIDO EN BENEFICIO PROPIO O DE UN TERCERO

DIRECTA

LEGAL DE "ORO NEGRO PRIMUS", PTE. LTD., "ORO NEGRO LAURUS", PTE. LTD.,
"ORO NEGRO FORTIUS", PTE. LTD., "ORO NEGRO DECUS", PTE. LTD. Y "ORO
NEGRO IMPETUS", PTE. LTD., DE LOS HECHOS QUE LA SUSTENTAN, Y DESPUÉS DE
REFERIR QUE YA CUENTA CON COPIA DE LOS REGISTROS DE LA INVESTIGACIÓN POR
HABÉRSELOS PROPORCIONADO SU DEFENSOR PARTICULAR, INDICA QUE:

"Toda vez que solicité la aplicación y aprobación de un criterio de
oportunidad por parte de la Fiscalía, mediante escrito recibido el día 22
veintidós de agosto de 2019 dos mil diecinueve, y que en ese momento aún no
tenía acceso a los registros de la investigación, pero antes de la audiencia
del día 01 uno de septiembre de 2019 dos mil diecinueve, tuve acceso a ellos
a través de mi abogado defensor particular, en este acto ratifico en cada una
de sus partes mi escrito sin fecha presentado en la Fiscalía Central de
Investigación para la Atención de Delitos Financieros, reconociendo como mías
las firmas que obran al margen derecho de cada una de las fojas y al calce de
la última, por haber sido estampadas de mi puño y letra y ser las que utilizo
en todos mis actos, en el que también estampé la huella digital de mi pulgar
derecho en cada una de sus fojas, y en adición a lo ya manifestado
previamente en mi escrito presentado antes ratificado, le informo que cuento
con información esencial y eficaz para la persecución de delitos más graves
de los que se me imputan, como utilización de recursos para fines distintos
para los que fue solicitado al Fideicomiso, además tengo conocimiento e
información de que la empresa PERFORADORA ORO NEGRO S. de R.L. de C.V.,
dentro del concurso mercantil 345/2017 del índice del Juzgado Segundo de
Distrito en Materia Civil en la Ciudad de México, en noviembre del año
pasado, solicitó un monto cercano a los 250 millones de pesos del patrimonio
del Fideicomiso para pagar el Impuesto al Valor Agregado que se adeudaba al
Fisco Federal; sin embargo, por instrucciones de GONZALO GIL WHITE, dichos
recursos no fueron pagados en su totalidad a la autoridad hacendaria sino
dispuestos para otros fines. Por lo anterior, queda demostrada mi voluntad de
coadyuvar con la Procuraduría con la información eficiente y eficaz con la
que cuento para la persecución de uno o más delitos más graves en el que

10 de 20

PGJ

Declaración de Alonso del Val como testigo colaborador.
(*Continuación*)

GOBIERNO DE LA
CIUDAD DE MÉXICO

FISCALÍA CENTRAL DE INVESTIGACIÓN PARA LA ATENCIÓN DE DELITOS FINANCIEROS.
AGENCIA INVESTIGADORA DEL M.P.: C
UNIDAD DE INVESTIGACIÓN No.: 6 SIN DETENIDO
TURNO
CARPETA DE INVESTIGACIÓN No.:
CI-FDF/T/UI-1 S/D/00787/09-2018.
FRAUDE (MÁS DE 10,000 SALARIOS MÍNIMOS) - POR MEDIO DEL ENGAÑO O
APROVECHANDO EL ERROR SE HAGA ILÍCITAMENTE DE ALGUNA COSA O OBTENGA UN LUCRO
INDEBIDO EN BENEFICIO PROPIO O DE UN TERCERO

DIRECTA

Ciudad de México, en noviembre del año pasado solicitó un monto cercano a los
250 millones de pesos de las cuentas del fideicomiso para pagar el Impuesto
al Valor Agregado que se adeudaba. Sin embargo, por instrucciones de GONZALO
GIL WHITE, dichos recursos no fueron utilizados para ser pagados al fisco
federal sino dispuestos para otros fines, de lo que tengo conocimiento por la
el cargo de Director Jurídico que tenía dentro de PERFORADORA ORO NEGRO S. de
R.L. de C.V. A LA OCTAVA. ¿Que diga si sabe a dónde se fueron los recursos
que le fueron entregados a PERFORADORA ORO NEGRO S. de R.L. de C.V., a los
que ha hecho mención en sus dos respuestas anteriores? RESPUESTA. A una
cuenta de PERFORADORA ORO NEGRO S. de R.L. de C.V., en Estados Unidos de
América, al parecer del US BANK. A LA NOVENA. ¿Que diga si sabe, si existían
recursos en las cuentas de ORO NEGRO DRILLING PTE. LTD., de una que se
actualizó el evento de incumplimiento? RESPUESTA. Sí, se que habían
aproximadamente $19,000,000.00 diecinueve millones de dólares 00/100 Monedas
de los Estados Unidos de América, en las cuentas, derivado de mi cargo como
Director Jurídico del GRUPO ORO NEGRO. A LA NOVENA. ¿Que diga si sabe a dónde
fue enviado el dinero de las cuentas de ORO NEGRO DRILLING PTE. LTD, después
de la actualización del evento de incumplimiento y por instrucciones de
quién? RESPUESTA. A una cuenta de PERFORADORA ORO NEGRO S. de R.L. de C.V.
por órdenes de GONZALO GIL WHITE, probablemente a una cuenta en México,
debido a que por esas fechas, no recuerdo que hubiera cuentas en el
extranjero de PERFORADORA ORO NEGRO S. de R.L. de C.V. Por último es mi deseo
manifestar que NO tengo conocimiento directo sobre la existencia de actos de
corrupción entre otros competidores de ORO NEGRO y PEMEX para desplazar del
mercado a ORO NEGRO o afectar los contratos que ésta tenía con dicha empresa
productiva del estado, lo cual entiendo sirvió de base para la demanda de los
accionistas americanos de la empresa en términos del Tratado de Libre
Comercio, porque como lo he señalado tenía el cargo de Director Jurídico del
GRUPO ORO NEGRO. Sin omitir mencionar que por lo que respecta a la reparación
del daño para ser favorecido de un criterio de oportunidad la misma ya fue
reparada a las ofendidas. SIENDO TODO LO QUE DESEO MANIFESTAR".--------------
----

14 de 20

Declaración de Alonso del Val como testigo colaborador.
(*Continuación*)

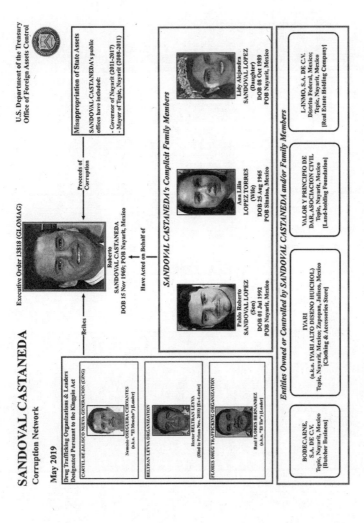

Ficha de la Ofac sobre las relaciones del exgobernador Roberto Sandoval.

Hijos del neoliberalismo de Ana Lilia Pérez
se terminó de imprimir en octubre de 2023
en los talleres de
Impresora Tauro, S.A. de C.V.
Av. Año de Juárez 343, col. Granjas San Antonio,
Ciudad de México